LA TUA GUIDA A LOS ANGELES

Marco Squintu
Gianfranco Squintu

La tua guida a Los Angeles

Autori
Marco Squintu
Gianfranco Squintu

© La tua guida a Los Angeles

Follow us on:
Facebook: La tua guida a Los Angeles

Instagram: @latuaguidaalosangeles

Edizione 2021

Dedicato a tutti coloro che hanno reso possibile
il progetto La tua Guida a Los Angeles

PREFAZIONE

Vi chiederete: *"c'era bisogno di una nuova guida turistica dedicata ad una città visitata ogni anno da milioni di persone come Los Angeles?"*.

Certo, per il semplice motivo che questa è...

La vostra guida a Los Angeles, nel senso che appartiene soprattutto a voi. È il frutto di chilometri e chilometri di dirette Facebook per le strade di Los Angeles, ma non solo.

Insieme a voi abbiamo volato in mongolfiera, abbiamo visitato Las Vegas e San Francisco e un'altra infinità di posti, abbiamo pranzato nello stesso ristorante in cui, a pochi tavoli di distanza dal nostro, Al Pacino gustava il suo piatto di spaghetti preferito. Con voi abbiamo anche cucinato e chiacchierato, ogni volta eravate presenti e ci siamo fatti compagnia a vicenda!

Come direbbe qualcuno: *"what else?"*.

Stiamo vivendo un periodo della nostra storia che ci ha segnato profondamente, inutile negarlo. Questa vicenda della pandemia è la cosa peggiore capitata all'umanità dal dopoguerra ad oggi. In tanti si sono ritrovati col volo annullato per le più disparate destinazioni e sono stati costretti a chiudersi in casa rinunciando alle vacanze.

Di certo non abbiamo preteso di sostituirci al viaggio vero e proprio, però speriamo di aver contribuito con i nostri video e i nostri *live* a rendere la pillola meno amara.

Un enorme ringraziamento va quindi a tutti voi per il prezioso contributo, senza il quale non saremmo mai riusciti a consumare tutte quelle suole di scarpe e percorrere tutti quei chilometri in lungo e largo per vedere le meraviglie e perché no, anche le contraddizioni di questa enorme *"città degli angeli"*.

Vi chiediamo anticipatamente scusa se troverete delle imprecisioni durante la lettura, con la speranza di non arrecarvi danno.

Confidiamo nella vostra comprensione, ma come potete ben capire, per fortuna, le città, i luoghi e le persone, sono cose vive e di conseguenza in continua evoluzione ed in continuo cambiamento. Noi continueremo ad accompagnarvi, virtualmente e speriamo anche fisicamente per Los Angeles, perché i viaggi non devono finire.

Che si viaggi con la fantasia, attraverso la lettura di questa guida, o seguendoci su internet la cosa importante è non fermarsi mai.

Allora a tutti voi una buona lettura, un buon viaggio e... ANDIAMO AVANTI.

QUANTO SI SPENDE

A Los Angeles tutto scorre più velocemente.
(Kyle Chandler)

QUANTO SI SPENDE

Ci avete pensato per tanto tempo e alla fine avete deciso, si parte per Los Angeles, però questa vacanza quanto potrebbe costare?

Naturalmente non esiste una risposta precisa, perché i dipende sono tanti: da dove si parte, quanto tempo si resta, cosa si vuol fare, di quale budget si dispone. Detto questo, se siete Cristiano Ronaldo il vostro budget volge verso infinito e soprattutto non state leggendo questa pagina. Dedichiamoci quindi ai comuni mortali e vediamo di analizzare alcuni costi fissi che si devono affrontare per un bel viaggio in California.

Passaporto: 116€.

Esta (visto per entrare negli USA): 13 €.

Assicurazione medica (non è obbligatoria ma indispensabile) diciamo che per 10 giorni un'assicurazione base con copertura illimitata può partire da 50€.

Ora che avete speso i primi soldini siete pronti per prenotare il volo.

Naturalmente anche qua ci basiamo su una media, diamo per scontato che se partite da Pantelleria dovete aggiungere il costo per arrivare nei principali aeroporti italiani.

Calcoliamo che a seconda della compagnia aerea e del periodo con 600€ A/R si può fare un volo Italia / Los Angeles.

Ora vediamo due possibilità di viaggio:

La prima prevede un tour dei parchi californiani e la seconda una visita delle maggiori città.

Mediamente un ingresso in un parco nazionale americano può costare intorno ai 15/20$ a persona, ma si può anche pagare l'ingresso per veicolo: sui 35$ si entra con tutte le persone a bordo.
Consigliata la "America the Beautiful Pass," con 80$ avete l'ingresso nei Parchi Nazionali USA di una macchina e tutti i suoi passeggeri, a eccezione dei parchi gestiti dai nativi e di quelli in cui è richiesta la tassa d'ingresso per persona. In questo caso la tessera parchi vale per un massimo di 3 adulti oltre al detentore della tessera, gli altri dovranno pagare il biglietto.
La tessera ha validità annuale e si può girare a terze persone.

Probabilmente avete preso in affitto un'auto, il costo per 10 giorni si aggira intorno ai 400$ e la benzina sui 3$ a gallone (3,75 litri).

Soggiornare in un parco, per esempio lo Yosemite può costare dai 40$ a posto letto in un dormitorio, o dai 100$ per una camera.

Per il cibo dipende, se avete fatto la spesa al supermercato risparmiate, altrimenti caricate un 30% in più rispetto a un pranzo medio di un ristorante in Italia, che poi pagate in dollari e quindi alla fine...

A proposito di ristorante. La mancia (tips) è praticamente obbligatoria, non solo nei parchi ma in tutta la California, quindi quando vi portano lo scontrino aggiungete un 10/15/20% al conto.

Invece se avete deciso di fare un tour cittadino i costi sono più o meno questi:

se prendete in affitto un appartamento da un famoso portale che io non nominerò, potreste spendere dai 60$ in su.

I prezzi si abbassano considerevolmente se usufruite dei posti letto nei dormitori.

Una camera in Hotel ha un costo che parte dai 60€ a salire. Naturalmente si tratta di una media, poi tutto varia dal periodo e da quanto tempo soggiornate.

Disneyland:
ingresso al parco 2gg 210$ un parco, 265$ due parchi. 5gg 320/370$.

Albergo dentro il parco 230$ stanza media, fuori 150$.

Visita agli studios a L.A. si parte con Universal Studios, da 110$ a 350$.
Warner Bros da 69$ a 295$.
Si può risparmiare tantissimo anche qua usando le cards.

Go Los Angeles Card:
Si tratta di un pass dalla durata variabile, che vi permetterà l'accesso a ben 35 attrazioni di Los Angeles, a scelta tra musei, parchi divertimenti, mini-crociere e molto altro, potrete acquistare la card valida 1, 2, 3, 5 o 7 giorni a seconda delle vostre esigenze.
Qualsiasi sia la durata del vostro pass, potrete usarlo per due settimane a partire dal giorno di attivazione, i giorni di utilizzo non sono per forza consecutivi: se avete comprato la Go Los Angeles Card ricordate di usare la carta entro un anno dall'acquisto, pena la decadenza dell'offerta.
Se acquistate un pass valido 3, 5 o 7 giorni, potrete accedere per una volta all'interno degli Universal Studios.

Ecco il dettaglio dei prezzi standard, soggetti comunque a variazioni stagionali e offerte degli operatori:
- 1 giorno: adulti 89$; bambini (3-12 anni) 69$
- 2 giorni: adulti 139$; bambini (3-12 anni) 109$

- 3 giorni: adulti 219$; bambini (3-12 anni) 189$
- 5 giorni: adulti 289$; bambini (3-12 anni) 249$
- 7 giorni: adulti 339$; bambini (3-12 anni) 299$

Nel prezzo è inclusa una serie di sconti per ristoranti e negozi.

Per le cibarie varie e per il beveraggio si spende un pochino in più di Milano, ma considerando che si paga in dollari siamo lì.

In qualunque caso quando vi sedete a mangiare vi portano l'acqua e non la pagate. Pagate cara quella in bottiglia e quella frizzante.

San Francisco è mediamente più cara di L.A, che è mediamente più cara di San Diego.

Se mangiate un hot dog a L.A. lo pagate sui 3$ e i tacos negli street food anche 1$ l'uno.

Se fumate compratevi le sigarette al duty free dell'aeroporto di partenza e fatene buona scorta, perché negli USA sono carissime.

Ora che avete un'idea di quanto potete spendere non resta che prenotare il vostro viaggio.

Che abbiate dormito o meno, non importa, le vostre dodici e forse anche più ore di volo ormai le avete fatte e Los Angeles è proprio lì.

Il comandante vi ha avvisato che entro pochi minuti atterrerete al *"Los Angeles International Airport"*, conosciuto anche come **LAX** e che fuori la temperatura è di... *bla bla bla...* e grazie per aver volato con... *bla bla bla.* Intanto però, mentre date uno sguardo all'oblò più vicino per vedere sotto, incominciate a chiedervi: *"Ok va bene, stiamo atterrando, ma è da un pezzo che stiamo atterrando, abbiamo visto La sierra Nevada, abbiamo visto Las Vegas ma..."*

Ebbene sì, Los Angeles è grande, molto grande, pensate che l'aeroporto è a 26 Km dal centro, ma si trova comunque all'interno della città. Forse è per questo che gli unici a chiamarla per esteso sono i turisti, per gli altri è solo L.A.

Adesso che finalmente ci siete, passati i controlli di sicurezza, messo il naso fuori dall'aeroporto, bisogna prendere un taxi per l'albergo.

Lo so, lo so il taxi è costoso, però scordatevi i mezzi, o la metro, non è opportuno fidatevi.

A Los Angeles senza auto siete persi, anche se il sistema per spostarsi senza "svenarsi" esiste, ma di questo argomento parleremo in seguito.

Preso il taxi? Bene, allora immergetevi nella lettura di tratti di storia di questa affascinante città...

CENNI STORICI

*Fin dal secolo scorso la California è stata non solo
per gli americani una sorta di "terra promessa".
Anche oggi, divenuta il più popoloso e ricco stato
dell'unione, essa costituisce un riferimento
costante per la vita del paese.
(Touring Club Italiano)*

CENNI STORICI

Il nome deriva dalla scoperta di un rio fatta da un catalano durante un'esplorazione.

Era il 1769 quando, **Gaspar De Portolá i Rovira** (assieme ai francescani *Junipero Serra* e *Juan Crespi*) battezzò questo fiume *"El Río de Nuestra Señora la Reina de los Ángeles de Porciúncula de Asis"* in onore di una festività dedicata al Santo di Assisi. L'intenzione era quella di fondare una missione proprio nella prossimità del fiume.

La cosa non avvenne subito, ma una decina di anni dopo, ad opera di alcuni frati francescani che costruirono un nuovo insediamento nella zona chiamandolo: *"El Pueblo de Nuestra Señora la Reina de los Ángeles sobre El Río Porciuncula de Asis"*.

Tracce di questo insediamento si possono ritrovare ancora oggi a *El Pueblo*, nel quartiere storico di *Olvera Street*.

Bisognerà aspettare che la California passi dal dominio spagnolo a quello messicano e infine a quello americano prima che Los Angeles diventi una città statunitense (siamo nel 1847). Solo qualche anno dopo la città prenderà lo *status* di municipalità con i suoi 1600 abitanti.

Fu intorno ai primi del '900 che Los Angeles iniziò a diventare quella città che conosciamo.

Il suo territorio era in grado di estrarre petrolio per un quarto del fabbisogno mondiale del periodo. Nel 1930 la popolazione era poco più di un milione e già nel 1932 era in grado di ospitare le Olimpiadi, cosa che avvenne per la seconda volta nel 1984. Naturalmente anche l'industria del cinema diede un contributo enorme al suo sviluppo.

Attualmente conta più di quattro milioni di abitanti e risulta seconda solo a New York. L'intera contea ospita dodici milioni di persone risultando una delle più grandi al mondo.

Quasi metà dei suoi cittadini sono di origine ispanica, infatti la lingua spagnola è estremamente diffusa.

La città si divide in 80 distretti con molte municipalità autonome come ad esempio: Santa Monica o Beverly Hills.

Nonostante abbia una smisurata estensione territoriale è servita da sole 6 linee della metropolitana.

Il turismo, legato anche alla fiorente industria cinematografica e musicale, porta un contributo economico notevole.

La città offre davvero tantissimi punti di interesse, sia dal punto di vista culturale, con un'ampia offerta di musei, sia dal punto di vista dell'intrattenimento.

Avete preso possesso della vostra stanza? Vi siete riposati? Sì? Allora potete iniziare a conoscere la città più da vicino.

HOLLYWOOD

"In questa città può cambiare tutto all'improvviso"

(Rick Dalton
Dal film: C'era una volta a Hollywood)

HOLLYWOOD

E' l'inizio obbligato del vostro tour.

Lo so, avete discusso durante tutto il viaggio se andare prima a *Venice Beach* o sulla *Walk of Fame*, alla fine non avete resistito e hanno vinto le impronte nel cemento di Brad Pitt.

Tranquilli è normale! Los Angeles è famosa per tante cose è vero, ma esiste una parola che non ammette repliche: cinema.

E se si parla di cinema a Los Angeles, si parla di Hollywood. Quante volte avete sentito dire la frase: "La mecca del cinema"?

Hollywood è un distretto di Los Angeles dove risiedono più di 300.000 abitanti.

Si dipana ai margini di due vie piuttosto famose: *Sunset Boulevard e Wilshire Boulevard.*

A partire dagli anni '20 del secolo scorso, la storia di questo quartiere si intreccia con quella del cinema.

Come mai proprio questo quartiere è diventato il fulcro delle produzioni cinematografiche?

Dovete sapere che alla fine del '800 Hollywood non era altro che un villaggio e la produzione cinematografica apparteneva alla città di Chicago, con a capo la *"Motion Picture Patents Company"* che possedeva tutti i più importanti brevetti. Fu così che i produttori indipendenti si trasferirono in California dove il monopolio della "MPPC" non aveva alcun valore.

Il quartiere che meglio si prestava era proprio quello di Hollywood: la sua vicinanza al mare, il suo clima, il vicino deserto del *Mojave* e le montagne, sarebbero stati elementi ottimali per la realizzazione di moltissimi film.

Cosa significa Hollywood? *"Bosco di agrifogli"*.

A battezzare così questa zona fu l'imprenditore Hobart Johnstone Whitley.

Cosa vedere a Hollywood

Se userete le auto di Uber o Lyft per farvi trasportare in giro per la città senza spendere cifre esorbitanti, l'autista vi lascerà sull'Hollywood Boulevard.

Preparatevi a fare una bella passeggiata perché vi troverete esattamente in quella strada chiamata *Walk of Fame*.

Sappiate che, la linea rossa della metro si ferma esattamente sotto il complesso dell'Hollywood and Highland, nel bel mezzo della *Walk of Fame*.

Walk of Fame

Qui incomincerete ad incontrare tutte le stelline del firmamento Hollywoodiano e a scattare le prime foto. Le stelline di cui vi parlo sono naturalmente quelle a cinque punte incastonate nei marciapiedi ai due lati della strada con scritti i nomi di tantissime celebrità; sono più di 2.600 stelle.

L'idea nasce intorno al 1958 per celebrare gli artisti del mondo dello spettacolo. Partendo dall'Hollywood Boulevard e finendo a Vine Street si possono incontrare stelle per quasi due chilometri. Vi posso assicurare che vi fermerete prima (due chilometri a testa in giù a leggere i nomi fanno venire il mal di testa).

La prima stella a brillare, non fu quella di Joanne Woodward, come si dice, ma del regista Stanley Kramer. Anche due presidenti degli Stati Uniti hanno ricevuto una stella, il primo, che è stato anche un attore, è Ronald Reagan, il secondo è Donald Trump.

Ora non vi resta che perdervi tra la folla alla ricerca delle impronte sul cemento di Brad Pitt o se preferite, quelle di Tarantino e immaginarvi una vendicativa Uma Thurman che fa a pezzi tutti con la sua affilatissima Katana forgiata da Hattori Hanzo.

Tra una stella e l'altra, tra un Batman e uno Spiderman da souvenir, vi troverete al civico 6925 di Hollywood Blvd. Siete al cospetto del famosissimo **Chinese Theater.**
Il suo piazzale presenta altresì le impronte di moltissimi personaggi. Da Marilyn a Sofia Loren, fino a quelli della saga di Star Wars. Questa singolare tradizione nasce più di novanta anni fa, quando per caso un' attrice del cinema muto di nome Norma Talmadge lasciò quelle del piede sul cemento fresco. Oggi se ne contano più di duecento.

Chinese Theater
(6925 Hollywood Blvd)

Inaugurato il 18 maggio del 1927, si presenta attualmente come il più grande teatro IMAX, con una capienza di 932 posti a sedere. La sua architettura è ispirata alla Cina e il suo ingresso è a forma di pagoda. Costruito dall'imprenditore Sid Grauman in seguito al grande successo del vicino Egyptian Theater (di cui parleremo in seguito), ha ospitato importanti anteprime e tra il 1944 e il 1946 è stato sede della cerimonia degli Oscar.
Si può visitare con tour guidati della durata di mezzora dalle 10.00 alle 16.00 oppure comprando un biglietto per vedere un film.

Ingresso:
Dai 12$ ai 25$, a seconda della proiezione.
Orario: Tutti i giorni dalle 08.00 alle 24.00
Visite guidate dalle 10.00 fino alle 16.00

La passeggiata prosegue verso il Dolby Theater (è molto vicino, 69 metri).

Dolby Theater
(6801 Hollywood Boulevard)

Si trova all'interno del complesso Hollywood and Highland. Potete fare una foto, ma senza red carpet! Sì lo so, vi viene in mente il sistema audio Dolby, ma è solo una questione di sponsor, prima si chiamava Kodak theatre, ma è sempre quello, già, quello dove *"l'Academy"* ogni anno consegna la famosa statuetta dorata dello zio Oscar. Ha una capienza di 3.400 persone.

Al Dolby si svolge non solo la notte degli oscar, durante tutto l'anno infatti ci sono avvenimenti di altissimo profilo.

Si può visitare esclusivamente con tour guidati ogni 30 minuti dalle 10.30 alle 16.00.

Orari:
Dalle 10.00 alle 16.00 per le visite guidate.
Variabile per altri avvenimenti.

Prezzi:
Adulti: 25$
Over 65: 19$
Minori di 17 anni: 19$
Minori di 3 anni: ingresso gratuito

Visto che ci troviamo nel grande complesso di *Hollywood and Highland*, sarebbe il caso di fermarsi un attimo per bere qualcosa e fare una pausa.
Che ne dite?

Hollywood and Highland (6801 Hollywood Blvd)

Salite le scale dell'Highland Center, dovete entrare assolutamente all'interno di questo enorme complesso, comprendente anche uno scenografico centro commerciale; anche perché è un'ottima occasione per farvi fotografare con la scritta Hollywood alle spalle. Al suo interno si trova veramente di tutto, ci sono negozi curiosi e ristoranti dove poter mangiare qualcosa.

Hollywood & Highland è un centro commerciale, ma anche un complesso di intrattenimento che annovera i già citati TCL Chinese Theater e il Dolby Theatre.

Un tempo, era la sede del famoso Hollywood Hotel.

Dall'interno è possibile ammirare le Hollywood Hills e la Hollywood Sign a nord, i monti di Santa Monica a ovest e il centro di Los Angeles a est.

Il centro del complesso è un grande cortile a tre piani ispirato ad alcune scene del film "Intolerance" di DW Griffith. Dispone di oltre 70 negozi e 25 ristoranti, una pista da bowling, un cinema a sei piani e una discoteca. Anche il Loews Hollywood Hotel da 637 camere fa parte del sito.

Sotto la struttura si trova la stazione della linea rossa della metropolitana che porta lo stesso nome.

È dotato anche di un parcheggio.

Le tariffe sono di 3$ per un massimo di 4 ore con convalida dal *Teatro El Capitan;* successivamente 2$ per ogni 20 minuti.

Il massimo giornaliero è *di 17$.*

Giovedì, venerdì e sabato dalle 22.00 alle 2.00 il parcheggio ha una tariffa fissa di 17$ e all'ingresso, non sarà accettata alcuna convalida.

La struttura del parcheggio è aperta 24 ore su 24, 7 giorni su 7, esclusi "eventi speciali".

Insomma, comodo ma non proprio al risparmio.

Dopo esservi riposati un attimo, aver bevuto o mangiato qualcosa e fatto la foto con la scritta Hollywood alle spalle, potete riprendere la vostra passeggiata. Uscite dal centro commerciale e attraversate la strada verso il fantastico cinema El Capitan.

El Capitan
(6838 Hollywood Blvd)

Questo famosissimo cinema targato Disney, presenta film in anteprima che usciranno nelle sale d'Europa un paio di mesi dopo. Un teatro dedicato alle animazioni: dai grandi classici come Cenerentola a quelle più recenti.

Naturalmente non mancano le produzioni Pixar o Marvel. Una scenografia d'altri tempi con schermi del 1926. Vale davvero la pena spendere qualche dollaro in più solo per ammirare l'organo a canne, 2500 per la precisione.

Che dite di entrare?
Orari: *09.00 - 12.30. 16.00 - 19.30.*
Prezzi: *Dai 21$*
Terminate la vostra visita ai più importanti cinema di Hollywood, con un'altra sala: L'Egyptian Theater (6712 Hollywood Boulevard).
La sua inaugurazione risale al 1922 con la proiezione in anteprima mondiale del film Robin Hood. Si tratta della prima di tre sale volute da Sid Grauman sull'Hollywood Boulevard, le altre due sono, come abbiamo visto: il Chinese Theater e la sala El Capitan. Nel 1993 è stato dichiarato monumento storico-culturale di Los Angeles. La sua architettura si ispira all'antico Egitto con una capienza di 618 posti a sedere. A partire dall'estate 2019, l'American Cinematheque organizza tour mensili.
Generalmente i tour si svolgono alle 10.30 il sabato, durano circa 60 minuti e costano meno di 10$.

Orari: a seconda degli spettacoli.
Ingresso: Per le visite 10$

Ma le sorprese da queste parti non sono finite!

Dopo aver visitato alcuni tra i più famosi cinema del mondo, è tempo di dedicarsi ai musei, ma non esattamente come li intendiamo noi, piuttosto esposizioni o altre cose bizzarre, come: il museo della morte, o quello dei selfie.
Iniziate dal più importante, quello delle cere di Madame Tussauds.

Madame Tussauds
(6933, Hollywood Blvd)

Il tutto nasce dalle manine fatate della signora Tussauds che dai primi anni del '800 crea incredibili copie di cera di personaggi famosi.
Il primo sito venne inaugurato a Londra, il successo fu talmente grande che oggi è possibile trovarne uno in quasi tutte le più importanti città del globo.
Nel nostro caso si tratta di un museo a tre piani, addirittura c'è anche la copia di King Kong. Potete farvi un selfie accanto a celebrità come Barack Obama, oppure Lady Gaga, giusto per fare qualche esempio.
Sono circa 125 i personaggi presenti e vi assicuro che a questi manca solo la parola.

Orario:
Dalle 10.00 alle 17.00 (cambia a seconda della stagione: alcuni mesi resta aperto fino alle 22.00).
Prezzi:
Adulti: 19,99$
Bambini tra i 3 e i 12 anni: 11,99$

Minori di 3 anni: ingresso gratuito

Non meno degno di nota è il *Ripley's Believe It or Not*, se avete voglia di vedere cose davvero bizzarre e originali.

Ripley's Believe It or Not (6780 Hollywood Blvd)

Anche in questo caso, si tratta di una catena di musei diffusi in tutto il mondo. In realtà, non so quanto la definizione di museo gli si addica, ciò che però va rilevato è che spesso anche gli edifici che li ospitano, sono costruiti in maniera davvero bizzarra. All'interno potrete trovare oggetti talmente strani ed insoliti da non sembrare veri.
Tutto nasce dalla passione di Robert Ripley per le cose fuori dal comune, passione presentata la prima volta nel lontano 1918 in un cartone animato. Esistono molteplici testimonianze su libri, giornali, programmi tv, film e tanto altro che parlano della passione di Robert Ripley.
Per quanto ci riguarda il nostro particolare museo si estende per oltre 10.000 metri quadrati organizzati su due piani.
Un esempio di cosa si può vedere?
Le teste rimpicciolite dei nemici della tribù degli Shuar.

Orario: Tutti i giorni dalle 10.00 alle 00.00.
Prezzo Ripley´s Odditorium:
Adulti: 26$
Dai 4 ai 15 anni: 15$
Bambini fino a 3 anni: gratis.
Ripley´s After Dark:
Biglietto standard: 20$ (16,50€)

Un edificio storico piuttosto famoso che voglio farvi
conoscere è il
Roosevelt Hotel
(7000, Hollywood Blvd)
Impossibile non citare questo palazzo presente sulla
Walk of Fame. Il 13 agosto 1991, la città di Los Angeles
lo ha dichiarato monumento storico culturale. Questo
Hotel è famoso sia per avere ospitato la prima
cerimonia del premio Oscar nel 1929, sia per essere
stato dimora di alcune fra le più grandi stelle del
cinema, una fra tutte la grande Marilyn Monroe.
La costruzione risale al 1926 e fu intitolata a Theodore
Roosevelt. Durante gli anni venne ristrutturato diverse
volte, pensate che presenta in fondo alla piscina
tropicana un murale da un milione di dollari.
Lo stile è quello coloniale spagnolo ed è dotato di 300
camere e 63 suite. L'attico Gable-Lombard è un
duplex di quasi 400 metri quadri. La terrazza esterna
che guarda le colline di Hollywood, è dedicata a Clark
Gable e Carole Lombard, che risiedevano nella stanza
pagando ai tempi 5$ a notte.

Marilyn Monroe ha vissuto nell'hotel per due anni all'inizio della sua carriera. Esiste infatti una suite che porta il suo nome. Altre tipologie di camere sono la King Superior e cabine vintage tipo cabanas stile anni '50 a bordo piscina. Nella struttura non mancano naturalmente diversi ristoranti e bar di un certo livello. Vediamo cosa offre di interessante il Roosevelt da questo punto di vista.

The Barish di Nancy Silverton
La chef Nancy Silverton, propone piatti selezionati dalla sua nuova steakhouse italiana The Barish. Si può cenare all'aperto nel giardino dell'hotel. Il menu offre una varietà di classici della steakhouse, pasta al forno e piatti reinventati dalla Silverton.

The Spare Room
Un cocktail lounge in stile proibizionista con una pista da bowling vintage a due corsie e giochi da tavolo in legno su misura.

25 Degrees
Prende il nome dalla temperatura perfetta per cucinare un hamburger ben fatto, appunto 25 gradi.

Pare che spesso all'interno dell'hotel avvengano fenomeni paranormali, qualcuno dice di avere visto aggirarsi per la struttura il fantasma di Marilyn Monroe.
Potrebbe essere un motivo in più per pensare di alloggiarci per qualche notte, che ne dite?

Per informazioni dettagliate su menu ed orari, visitate il sito dell'hotel.

www.theroosevelthotel.com

Spostandovi solo per un attimo dai percorsi obbligati, recatevi in uno dei posti più originali ed esclusivi al mondo.

Magic Castle
(7001 Franklin Avenue)

Si tratta di un club privato dove si trova anche "l'Accademia delle Arti Magiche". È sicuramente la scuola di magia più importante del mondo e tutti i più grandi maghi la conoscono bene. L'ingresso è consentito solo ai membri e ai loro ospiti, ma è possibile ottenere inviti di cortesia. Il castello risale al 1909, non presenta dall'esterno porte visibili per entrare e i visitatori devono pronunciare una parola d'ordine a una scultura di un gufo per accedervi.

Al Magic Castle si svolgono spettacoli di magia chiaramente e al suo interno si possono trovare un ristorante e diversi bar. Richiesto rigorosamente un abbigliamento formale. Ogni sera, vengono presentati alcuni spettacoli di magia. Pare che nella stanza della musica, "Irma", (il fantasma residente del castello) intrattenga gli ospiti al pianoforte. Si mormora che anche il fantasma di Houdini sia di casa al castello.

Nonostante nella norma non sia ammesso l'ingresso ai minori di 21 anni, esiste un programma di formazione per giovani maghi che intendono intraprendere questa singolare carriera professionale.

Attualmente all'Accademia delle Arti Magiche risultano iscritti quasi 2.500 membri. Molti di questi sono personaggi famosi. Uno fra tutti il mitico Neil Patrick Harris, ovvero *Barney Stinson*, personaggio che abbiamo conosciuto tutti nella simpaticissima serie televisiva *How I Met Your Mother*.

L'Accademia di Magia offre corsi disponibili al pubblico.

La classe Basic Magic insegna tutte le tecniche di base per aspiranti maghi.

Visto che vi trovate sulla strada parallela alla Walk of Fame, non resta che fare un piccolo sforzo dirigendovi verso un'altra meta piuttosto famosa, non è vicinissima, ma... ha il suo perché!

Hollywood Bowl
(2301 N Highland Ave)

Nasce nel 1922, si tratta del più grande anfiteatro naturale della California, ha una capienza di 17376 posti a sedere. Il suo palco a forma di conchiglia ha ospitato musicisti di fama mondiale come i Beatles o Jimi Hendrix.

La stagione dell'Hollywood Bowl si apre nel mese di giugno e si conclude a settembre. Naturalmente si tengono concerti di ogni tipo, dalla musica classica a quella jazz passando per la pop, senza dimenticare particolari stili come il folk (qui si tiene il Festival annuale dei Mariachi o gli eventi musicali dei nativi americani).

Ogni quattro di luglio si possono ammirare spettacolari fuochi d'artificio.

Una particolarità interessante dell'Hollywood Bowl è quella di potere fare un picnic prima dei concerti in aree apposite, con cibo che portate voi, oppure ordinando dei cestini preconfezionati dai ristoranti presenti all'interno.

Nel caso siate interessati, sappiate che previa prenotazione sono presenti 15 ristoranti e diversi Street Food in tutta l'area. Da non dimenticare una visita al museo Hollywood Bowl.

Al suo interno si trovano le testimonianze di memorabili eventi come il famoso concerto dei Beatles del 1965.

Ingresso libero.

Parcheggi

I parcheggi del Bowl sono limitati, carissimi durante gli avvenimenti e caotici fino all'inverosimile, si potrebbe rimanere per ore imbottigliati nel traffico.

Esiste anche la possibilità di parcheggiare a pagamento nella vicina Chiesa Metodista.

La tariffa giornaliera varia da 10$ a 40$ a seconda dell'evento.

Altra alternativa valida è la navetta *Park and Ride Bus.* Le navette Park & Ride partono da varie aree di parcheggio pubblico.

Gli autobus entrano in funzione subito dopo la fine degli spettacoli.

Un biglietto di andata e ritorno costa 7$ se comprato in anticipo e 12$ comprato in contanti sul luogo.

Concludiamo questa panoramica nel distretto di Hollywood con una breve indicazione: nelle vicinanze, poco più a nord dell'Hollywood Bowl (5 minuti in auto) si trova la famosa Mulholland Drive.

Lunga quasi 34 chilometri, è una delle strade americane più famose anche grazie al film di David Lynch.

Nella zona sono presenti lussuose ville e si può godere di un panorama spettacolare che spazia dalla San Fernando Valley alla scritta Hollywood. Siete in una zona abbastanza verde, dove non mancano parchi e sentieri ambiti dagli escursionisti. Poco più a Nord si trovano alcuni degli studios cinematografici più famosi mentre a est si può ammirare la zona del Griffith Observatory.

HOLLYWOOD SIGN

"Vivere Hollywood a frammenti è
un'esperienza positiva credo.
Non credo che riuscirei a starci di continuo,
è un posto abbastanza bizzarro."
(Johnny Depp)

Hollywood Sign

Probabilmente, si tratta della scritta più famosa al mondo. Significa cinema, significa Los Angeles.

E Hollywood è tutto l'immaginario che questa parola può evocare. Questo quartiere, le stelle del cinema, attori, registi e location indimenticabili di film indimenticabili. Impossibile fare una visita alla *città degli angeli* e non concedersi una foto con questo cartello alle spalle.

Cerchiamo di capire come nasce questo fenomeno. Nel 1923, il quartiere non era ancora diventato quello che tutti conosciamo, ma stava iniziando il primo periodo della sua espansione, si decise così, come trovata pubblicitaria di promuovere un progetto edilizio, posizionando una scritta con lettere lunghe 9 metri e alte 15 ognuna sul Monte Lee.

In origine la dicitura era: *Hollywoodland*, e avrebbe dovuto essere smantellata dopo un anno e mezzo, ma con lo sviluppo dell'industria cinematografica divenne il simbolo della città e così si decise di non rimuoverla.

Negli anni è stata più volte restaurata, grazie anche all'interesse del famoso cantante *Alice Cooper* che si spese affinché la scritta non si deteriorasse. Vennero eliminate le lettere *land* per rappresentare meglio il quartiere, fino ad arrivare alla scritta attuale. Purtroppo, però è stata anche scenario di un triste avvenimento. Nel lontano 1932 l'attrice Peg Entwistle a soli 24 anni salì in cima alla lettera H e si gettò nel vuoto. Attualmente non ci si può avvicinare, esiste una recinzione e diverse telecamere di sicurezza che tengono lontani i visitatori.

Vediamo quali sono i punti consigliati per potere fare delle foto interessanti.

Se per caso vi trovate sulla Walk of Fame, basta entrare al centro commerciale Hollywood and Highland, salire le scale fino al terzo livello e affacciarvi verso le colline, la scritta vi apparirà ben visibile.

Un altro punto di osservazione, anche se la scritta è un po' lontana è l'Osservatorio Griffith, una delle mete più gettonate dai turisti. Potreste già accontentarvi di una foto da qui, in caso contrario, ci sarebbe la possibilità di arrivare sul *Monte Lee* e sbucare proprio dietro la *Hollywood Sign* partendo a piedi proprio dal parcheggio dell'osservatorio.

Uno dei posti più affascinanti per vedere la scritta è il *Lake Hollywood Park* che, oltre ad essere un delizioso parco situato tra le colline e le splendide residenze della zona, è anche un ottimo punto di partenza per arrivare vicini. Infine, percorrendo la North Beachwood Drive verso le colline di Hollywood arriverete ad un punto dove *"la scritta"* si vede in modo particolarmente apprezzabile.

Come detto in precedenza esiste la possibilità di arrivarci da dietro, ma pare doveroso dare prima, ai temerari visitatori che vogliono tentare l'impresa (e non sono pochi) alcune scontate ma doverose avvertenze. Il percorso a piedi per arrivare sul Monte Lee non è comodissimo (molta strada sterrata), non ci sono zone dove ripararsi dal sole nel caso faccia caldo (cosa estremamente probabile) e anche se siete a Los Angeles siete in mezzo alla natura, quindi la possibilità di incontrare animali selvatici e serpenti vari non è tanto remota. Oltretutto non ci si arriva in un attimo ma ci vuole qualche ora tra andare e tornare.

Quindi: scarpe adatte, scorta di acqua e tanta pazienza.

Tra i percorsi più interessanti e più comodi si consigliano: Bronson Caves e Osservatorio Griffith.

Bronson Caves e Osservatorio Griffith

Nel caso abbiate deciso di usare la vostra auto, esiste la possibilità di parcheggiarla lungo Canyon Drive. Verso la fine della strada inizia il percorso. Con una piccola deviazione potrebbe essere interessante visitare la *Bat-caverna*. Si tratta proprio della caverna dalla quale il Batman dei telefilm degli anni Sessanta usciva con la sua *Bat-mobile*.

Per fare questo, dovete seguire le indicazioni per Bronson Canyon/Caves. Dopo di che, percorrete tutta Canyon Drive, fino a quando la strada diventa sterrata, proseguite fino all'intersezione con il Mulholland Trail e da lì dirigetevi verso Mount Lee Dr.

Come accennato in precedenza, si potrebbe arrivare alla scritta anche dall'Osservatorio Griffith.

Partite dal parcheggio e percorrete il sentiero *Mount Hollywood Trail* fino ad arrivare al *Captain's Roost*. Ci si arriva in una ventina di minuti, durante la camminata troverete una famosa panchina che guarda la Hollywood Sign. Una volta arrivati a Captain's Roost se ve la sentite, potrete dirigervi verso la sommità del Monte Lee (tra andata e ritorno si impiegano circa tre ore). Innanzitutto, evitate di prendere la vostra auto, ma arrivate in zona con un taxi oppure con Uber o Lyft, per il semplice motivo che è estremamente difficile trovare parcheggio, i residenti non gradiscono e la zona è piena di divieti.

Percorrete tutta Mulholland Hwy, la strada ad un certo punto diventerà sterrata e incontrerete un cancello, prendete il passaggio a sinistra per raggiungere la fine di *Deronda Dr*. Da lì prendete la *Mount Lee Dr* che vi porterà fin dietro la scritta Hollywood.

In qualunque caso troverete dei cartelli con diverse indicazioni e anche una grande moltitudine di turisti che ha avuto la vostra stessa idea.

Naturalmente esistono anche altri percorsi da fare a piedi, ma abbiamo pensato di consigliarvi quelli meno temerari, del resto, perché complicarsi la vita?

WEST HOLLYWOOD

"Amo Los Angeles.
So che tantissime persone, visitandola, vedono soltanto
un'immensa distesa di monotono disordine.
Se ti fermi per un po', invece, ti rendi conto che ogni
quartiere ha una propria atmosfera.
A Los Angeles l'età d'oro del cinema è ancora viva, nel
profumo notturno dei gelsomini e nel clima mite.
La luce poi è una fonte di ispirazione e di energia.
Perfino con l'inquinamento, possiede un non so che di
vivido e di caldo, non è violenta.
Mi infonde la sensazione che tutto sia possibile. Non so
perché. È diversa dalla luce di altri luoghi. "
(David Lynch)

WEST HOLLYWOOD

Vi trovate ancora nella contea di Los Angeles, racchiusa tra la città di Beverly Hills e il quartiere di Hollywood ecco la città che ospita una delle strade più famose al mondo: Sunset Boulevard.

West Hollywood, anche detta WeHo, conta trentacinquemila abitanti di cui il 40% fa parte della comunità LGBT. Oltre un terzo della popolazione di WeHo si identifica come lesbica, gay, bisessuale o transgender. Questa città è in prima linea nella difesa e il sostegno per la parità di diritti per la comunità LGBT.

West Hollywood è uno dei migliori luoghi di vacanza al mondo per viaggiatori gay e lesbiche ed è al centro della vita notturna gay della California.

La città ospita anche alcuni dei più grandi eventi LGBT come il Los Angeles Gay Pride, Outfest e West Hollywood Halloween Costume Carnival e sono tantissimi i bar e i ristoranti Gay Friendly.

Chiaramente questa città non è solo questo, (se siete etero siete comunque i benvenuti) infatti è una delle mete consigliate per la sua brillante vita notturna.

Sunset Boulevard/Sunset Strip

Come accennato precedentemente, questa città è attraversata dal *Sunset Boulevard* che, oltre ad essere il titolo di un famosissimo film degli anni 50 diretto da Billy Wilder *(Il viale del Tramonto)*, è anche un lunghissimo viale di 35Km.

Dal centro di Los Angeles percorre diverse zone come: Beverly Hills, West Hollywood ed altre per finire nel distretto di Pacific Palisades, quasi sull' oceano.

Per circa 2,5 chilometri all'interno della città di WeHo, il *Sunset BLV* prende nome di *Sunset Strip*.

Questo tratto di strada è famoso per i suoi negozi, ristoranti, hotel e naturalmente storici locali notturni.

Sin dagli anni '20 del secolo scorso, West Hollywood si è caratterizzata per il suo animo ribelle che ha favorito un enorme proliferare di locali di divertimento e trasgressione: club, discoteche, bar ed altri diventati famosi per avere ospitato musicisti del calibro dei *Led Zeppelin* o *The Doors*.

Camminando sulla *Strip* avrete la possibilità di incontrare nell'ordine: il *Rainbow bar and Grill*, il *Roxy Bar*, il *Whisky a Go Go* e il *Viper*. Naturalmente sono presenti anche Hotel famosi come l'*Andaz West Hollywood* legati al fenomeno musicale, (notizie più dettagliate sulla musica a Los Angeles in un capitolo dedicato).

Ancora oggi questa zona ha un grande fermento e non è raro incontrare musicisti famosi.

Oltre all'Andaz West Hollywood citato in precedenza, sono presenti anche altri Hotel con una storia da raccontare.

Il Château Marmont
(8221 Sunset Blvd)

Qualcuno diceva: *"se proprio devi farlo, fai che accada al Château Marmont."* Costruito nel 1929, con vaga ispirazione al castello francese di Amboise, ha ospitato alcune fra le più celebri star dello spettacolo, è anche famoso per un episodio del film "Four Rooms" diretto da Tarantino, appunto girato all'interno dell'albergo.

Ma tra leggenda e realtà vediamo nello specifico alcuni di questi fatti bizzarri che le camere del Marmont possono raccontare.

Qualcuno ci è anche morto: dopo aver cenato al Rainbow Theater, John Belushi si dirige al Marmont per partecipare a una festa, dove avrebbe incontrato De Niro e altri VIP. Preleva 1500 dollari con l'intenzione di comprare una chitarra; compra altre cose e con la rimanenza acquista una dose di "speedball." Accompagnato dalla cantante Cathy Smith si ritira nel suo Bungalow dove consuma la droga, tagliata male proprio dalla cantante. La mattina dopo John viene trovato morto nel suo letto. Mentre si sentiva male John pensava fosse stato qualcosa che aveva mangiato a cena a fargli male. In fondo in fondo era un puro.

Qualcun altro invece ha rischiato di morire, lanciandosi da un balcone convinto di poter volare. Jim Morrison era talmente fatto quella sera del 1968 che deve ringraziare un tendone se non si è schiantato vicino alla piscina.

James Dean saltò da una finestra per impressionare il regista Nicholas Ray, (qualcuno afferma che passò dalla finestra perché era in ritardo ad un provino) in qualunque caso la cosa funzionò, in seguito James Dean divenne JAMES DEAN. Lo so, morì giovane anche lui, ma quella era una prerogativa del portare la J nel nome.

Se eri giovane e famoso e nel tuo nome compariva una J era difficile che passassi i 30 anni in quel periodo, ma questo è un capitolo a parte.

Si potrebbe parlare ancora a lungo di questo favoloso hotel; è dal 1929 che tra cose veramente accadute e cose forse inventate il **Château Marmont** dall'alto di una collina domina il **Sunset Boulevard** e fa parlare di sé.

Purtroppo pare che nel 2021 sia destinato a diventare un club esclusivo per pochi soci per volere del proprietario André Balazs.

.

Sunset Tower Hotel
(8358 Sunset Blvd)

Famoso per essere stato il primo grattacielo di WeHo, ha ospitato diverse stelle del cinema. Anche per questo immobile non mancano aneddoti in un mix tra fantasia e realtà.

Si dice ad esempio che nel balcone della sua stanza, John Wayne tenesse una mucca così da poter avere il latte fresco tutti i giorni.

Anche qui sono state girate scene di film famosi, come *Strange Days*.

Mondrian Hotel/Skybar
(8440 Sunset Boulevard)

Questo edificio, nasce nel 1959 come condominio, ma negli anni si è trasformato fino a diventare quel famoso hotel che ora conosciamo.

L'esterno presentava un'opera intitolata *L'Hommage à Mondrian* che copriva la facciata per nove piani. Tra le altre cose, il **Mondrian** deve la sua fama al celebre **Sky Bar**.

Per dare un'idea di cosa si tratta, abbiamo deciso di riportare la descrizione che potete trovare nel sito ufficiale: *"Con alcune delle viste più belle di Los Angeles, lo Skybar è un padiglione all'aperto ricoperto di edera arroccato sopra la piscina del Mondrian Los Angeles.*

Il design recentemente reinventato dello Skybar porta un nuovo approccio a questo spazio iconico.

Un elegante lounge a bordo piscina di giorno, lo Skybar offre un'oasi idilliaca per prendere il sole e gustare cocktail impeccabilmente freschi. Quando il sole tramonta, il battito dello Skybar batte ancora più forte, suscitando un'energia seducente, suscitata da DJ di fama mondiale e dal glamour hollywoodiano".

Vi posso assicurare che lo Skybar è anche molto più di questo. L'atmosfera della terrazza è quella di un salotto a bordo piscina e di notte, DJ di livello mondiale lo trasformano in uno dei luoghi più alla moda di L.A.

Non è raro imbattersi in qualche celebrità.

Mi raccomando, non andateci in pantaloncini e infradito.

Accessibile tutti i giorni dalle 13.00 fino alle due di notte. Abbastanza caro ma ne vale la pena.

La Sunset Strip offre anche altro:

Comedy Store (8433 Sunset Boulevard)

Menzione particolare merita questo storico locale. Si tratta di uno dei più importanti comedy clubs dove si sono esibiti artisti del calibro di Jim Carrey, Robin Williams, Whoopi Goldberg, Eddie Murphy, e molti altri. L'edificio nasce come sede del "Club Seville" nel 1935, e tra vari passaggi, nel 1972 diventa un locale dedicato alle esibizioni dei comici.

I proprietari del locale però, spesso non retribuivano gli artisti che si esibivano, questa cattiva abitudine portò nel 1979 ad uno sciopero dei comici.

Celebre la serata che ospitò la cerimonia di nozze di Liza Minelli e Jack Haley Jr. Visto l'alto traffico di star invitate all'evento, la polizia fu costretta a chiudere temporaneamente il **Sunset Boulevard**.

Sunset Plaza
(8623 Sunset Blvd)

Per gli amanti dello shopping è una meta obbligatoria, un'area commerciale unica nel suo genere, una sorta di centro commerciale all'aperto dove si possono trovare alcuni dei migliori negozi, caffetterie e ristoranti.
Il parcheggio è gratuito.

Interessanti ed originali punti di ristoro sono:

Saddle Ranch Chop House (8371 Sunset Blvd)
Cucina tex mex, atmosfera da vecchio west, non manca la musica country ed il toro meccanico.
Porzioni abbondanti.

Carney's (8351 Sunset Blvd)
Si mangia in una vecchia locomotiva della Union Pacific. Decisamente originale.

Mels Drive-In (8585 Sunset Blvd)
Lo potete riconoscere per la tipica atmosfera anni '50 e anche perché probabilmente lo avrete visto nella serie tv *Melrose Place* e nel film *American Graffiti*, si mangia tipicamente americano con prezzi alla portata di tutti.
Nel caso vogliate farvi un'idea di quanto offre questo tratto di strada esistono diversi documentari e anche un film del 2000 diretto da Adam Collis dal titolo: *Sunset Strip*.
Questa città è forse quella più facilmente percorribile a piedi in California, comunque gli spostamenti sono favoriti da navette gratuite (il venerdì e il sabato sera) che collegano la parte orientale con quella occidentale.
Il Sunset Trip è un altro servizio navetta gratuito offerto dalla città di West Hollywood.
È attivo il venerdì e il sabato dalle 17.00 all'1.30. Scende all'estremità ovest di Melrose Avenue (vicino a Robertson) e si collega anche a The PickUp alla sua fermata San Vicente/Santa Monica e alle sue fermate Fairfax/Santa Monica.
Le navette arrivano ogni 15 minuti.

Avvenimenti

La più grande festa di strada di Halloween negli Stati Uniti è "Il **Carnevale di Halloween di West Hollywood"**, un evento che si svolge ogni anno il 31 ottobre.

Il secondo fine settimana di giugno si tiene invece il **Christopher Street West,** una parata e un festival dell'orgoglio LGBT.

One City One Pride invece è un LGBT Arts Festival che si tiene durante il mese di giugno.

Una città WeHo, dove annoiarsi è davvero difficile.

BEVERLY HILLS

♫ *"Beverly Hills - è dove voglio andare*
vivere a Beverly Hills...
[...[muovendomi come una celebrità
vivere a Beverly Hills...

Guarda tutte quelle star del cinema
sono tutte così belle e pulite
[...]

Io voglio vivere una vita come quella
voglio essere come un re
riflettere la mia immagine nel laghetto
perché io sono la prossima cosa da sballo"

(Beverly Hills dei Weezer)

BEVERLY HILLS

Diventa davvero complesso stabilire quale sia la cosa più famosa della contea di Los Angeles. La Scritta Hollywood o la Walk of Fame? Il distretto di Hollywood o Beverly Hills?

Certo è che il cinema e la televisione hanno celebrato talmente tanto la fama di questa città che è quasi impossibile non averla mai sentita nominare.
Avete letto bene, ho scritto città, proprio perché si tratta di un comune a sé, facente parte della contea di Los Angeles, ma con una propria amministrazione, polizia e anche caserma dei pompieri.
Beverly Hills è senza dubbio la capitale del lusso, lo è diventata negli anni, da quando una mirata speculazione edilizia ha trasformato questa zona da luogo di estrazione petrolifera a quartiere residenziale.
A partire dagli anni '20 del secolo scorso, Beverly Hills ha iniziato a diventare il quartier generale delle star del cinema.
La sua popolazione è composta da 34.000 abitanti, si tratta di un quartiere residenziale per gente molto ricca.
Non esiste un ospedale e tanto meno un cimitero.
Si dice infatti che a Beverly Hills, nessuno nasce e nessuno muore.

La città è stata costruita in modo da non renderla facilmente raggiungibile, infatti non esiste una linea della metro che arrivi direttamente a Beverly, passeggiare da queste parti, se non si è residenti, è una cosa che potrebbe causare qualche problema. La gente del quartiere non ama i curiosi. Del resto, fare un tour delle ville delle celebrità vi mostrerebbe giusto il cancello di ingresso; niente comunque vi vieta di girarci in auto.

La città è davvero molto bella e anche estremamente curata, con tantissimo verde e un'architettura che ricorda i quartieri ricchi europei.

Tutto maniacalmente pulito. Le abitazioni a nord del Sunset Boulevard in questa zona costano una follia, infatti in molte di queste ville ci hanno abitato personaggi del calibro di *Charlie Chaplin e Walt Disney*.

Ma a parte le case dei VIP cosa c'è di interessante da vedere a Beverly Hills?

Iniziate con un giro nei luoghi più famosi che molti film ci hanno insegnato a conoscere, primo fra tutti quel "quartierino" dorato che di nome fa Rodeo Drive.

RODEO DRIVE

Strada famosa in tutto il mondo per le sue boutiques di lusso, Rodeo Drive è una delle zone più costose al mondo. Fin dagli anni '70 marchi come: Chanel, Yves Saint Laurent o Louis Vuitton, hanno aperto dei negozi proprio qui. Facile poi ricordare una giovane e quasi sconosciuta Julia Roberts fare shopping in questa via in quel "Pretty Woman" che la rese tanto famosa.
Anche qui esiste una sorta di Walk Of Fame, la *"Walk of Style"* di Rodeo Drive. Sul marciapiede troverete una serie di placche con citazioni e firme come omaggio ai grandi della moda o dello stile. Tra le eleganti boutiques delle firme più famose spicca sicuramente: *The House of Bijan*.

The House of Bijan

Questo negozio probabilmente ai "comuni mortali" dirà molto poco, ma si tratta probabilmente del negozio di abbigliamento più costoso al mondo! Fondato da un designer iraniano ormai deceduto, ora è in mano al figlio Nicolas.

Apre solo per appuntamento, in questo negozio i prezzi variano dai 100$ per una cravatta fino a oltre 25.000$ per un abito.

Clienti abituali sono personaggi come Obama o Putin. Vi accorgerete di essere arrivati al negozio quando vi troverete di fronte ad una Rolls gialla e nera parcheggiata per strada.

Naturalmente in città, oltre ai negozi di lusso, si trova anche altro.

Ci sono ad esempio dei deliziosi parchi, che come potete immaginare sono sicuri, estremamente curati e naturalmente ben frequentati.

Will Rogers Memorial Park
(9650 Sunset Blvd, Beverly Hills)

Questo è il primo parco pubblico della città, inaugurato nel 1915 col nome di Sunset Park.

Nel 1926 l'attore Will Rogers divenne sindaco onorario di Beverly Hills e il parco fu ribattezzato in suo onore.

La serie televisiva *90210 Beverly Hills – New Generation* in parte, è stata girata qui.

Beverly Gardens Park
(9439 Santa Monica Blvd, Beverly Hills)

Percorre tutto il Santa Monica Boulevard tracciando il confine tra il lato residenziale della città e quello commerciale.

Qui si trova il famoso cartello "Beverly Hills" e la riproduzione dell'arco storico che precedentemente era situato nel centro della città. Nei giardini c'è anche una collezione di arte pubblica, tra cui la famosa Fontana Elettrica.

Durante il terzo fine settimana di maggio e ottobre nel parco si tiene il Beverly Hills Art Show.

I Giardini di Virginia Robinson
(1008 Elden Way Beverly Hills)

Dal 1978 il sito è inserito nel registro nazionale dei luoghi storici. Si tratta della prima tenuta di Beverly Hills. Era la residenza privata di Virginia Dryden Robinson. La casa principale è stata progettata nel 1911 in stile Mediterraneo.

Arredata con oggetti d'antiquariato e manufatti raccolti in tutto il mondo! È un edificio sicuramente molto affascinante. Non da meno sono i suoi meravigliosi cinque giardini, ognuno con piante e tematiche differenti: dal giardino tipico italiano a quello tropicale.

Visita guidata su appuntamento, dal martedì al venerdì dalle 10.00 alle 13.00.
Ingresso: 11$, sconti per anziani, studenti e bambini.

Consigliata una visita anche ai seguenti siti, non sono certamente edifici con una storia millenaria alle spalle, ma visto che siete in zona...

The Greystone Mansion
(905 Loma Vista Dr, Beverly Hills)

Si tratta di un regalo del magnate del petrolio Edward L. Doheny a suo figlio, edificio in stile Tudor del 1928. Oggi è composto da 55 camere. Attualmente il Greystone Mansion ospita diversi eventi e riprese cinematografiche. Lo si può vedere in film come *X-Men* o *Proposta Indecente*.
I suoi splendidi giardini sono aperti al pubblico dalle 10.00 alle 17.00 (alle 18.00 in estate).

Municipio di Beverly Hills
(455 North Rexford Dr, Beverly Hills)

Merita una visita, anche l'edificio che ospita il municipio. Costruito in stile rinascimentale spagnolo nel1932 presenta una torre di 8 piani con una cupola in mosaico dorato.

Non possiamo infine, non citare una serie di alberghi decisamente famosi per diversi motivi.

Regent Beverly Wilshire
(9500 Wilshire Boulevard Beverly Hills)

Probabilmente il nome di questo hotel vi è indifferente, sicuramente non il film che rese famosa Julia Roberts.
Già! Questo è l'hotel di Pretty Woman.
Elvis Presley ci ha passato una parte del suo tempo.
Costruito nel 1928, si trova all'estremità meridionale di Rodeo Drive.

Beverly Hills Hotel
(9641 Sunset Bld. Beverly Hills)

Soprannominato il Palazzo delle Rose. Questo hotel decisamente affascinante, costruito nel 1912 con 5.000mq presenta più di 200 camere e possiede dei giardini fantastici, ma cosa non da poco, nel 1976 e stato scelto come copertina per un disco di una band di fama mondiale che di quel disco ha venduto una quantità infinita di copie. Si tratta del famoso "*Hotel California*" degli Eagles.

Bel Air Hotel
(701 Stone Canyon Blvd)

Anche questo hotel merita una particolare menzione. Immerso in una vegetazione lussureggiante con ruscelli e piccole cascate.
Questo edificio in stile Revival spagnolo costruito nel 1946 è uno degli alberghi più ambiti dai VIP.

Concludete la vostra visita a questa città dorata con delle inevitabili foto a questo curioso edificio: la casa delle streghe.

The Witch's House/Spadena House (516 Walden Dr, Beverly Hills)

Non potete non visitare la casa delle fiabe, situata tra Walden Drive e Carmelita Avenue, questa costruzione del 1921 serviva per gli uffici e i camerini dello studio cinematografico di **Irvin Willat** a **Culver City**.
Nel 1926 fu spostata nella posizione attuale. I primi residenti, la famiglia Spadena, hanno dato alla casa il loro nome. Totalmente rinnovata nel 2011 la si può anche vedere in qualche film.

Come avrete notato, Beverly Hills non presenta musei degni di nota, oppure opere d'arte all'aperto, ma vista la vicinanza, anche se siamo poco fuori dalla città, sarebbe un peccato non spingersi verso il 5905 di Wilshire Blvd per visitare, possibilmente dopo il tramonto, l'Urban Light.
Situata a poche centinaia di metri da Beverly Hills, questa affascinante opera d'arte di Chris Burden, unica nel suo genere, con i suoi 202 antichi lampioni è meta obbligata per tutti coloro che fanno visita a Los Angeles. Più precisamente si trova nella zona museale del LACMA, (per saperne di più andate a leggere il capitolo dedicato ai musei).
Poco distante vi segnalo anche il **"The Grove"**, **(189 The Grove Dv. Los Angeles)**.

Un complesso commerciale molto famoso: al suo interno potrete trovare boutiques di grandi marche, ottimi ristoranti, bar e pasticcerie. Spesso al The Grove si svolgono eventi dedicati alla moda o alla musica.

Visto che siete in zona, vale la pena fare un giro, e se per caso volete assaggiare qualcosa di buono prodotto dai contadini californiani, vicino al "The Grove" abbiamo:

The Original Farmer Market
(6333 W 3rd St. Los Angeles)

Molto probabilmente il più antico mercatino rionale dei contadini di Los Angeles.
Il tutto nasce dall'idea di un gruppo di agricoltori che decisero negli anni '30 di mettersi a vendere i loro prodotti direttamente dai loro camion parcheggiati in questa zona. La cosa pare che sia andata abbastanza bene visto che questo mercato esiste ancora adesso.

A Beverly Hills si trovano anche molti ristoranti famosi dove non è raro incontrare delle celebrità, non a caso la cucina italiana da queste parti è di casa.
Del resto, se avete appena acquistato due cosine da regalare alla zia, al vostro rientro in Italia al negozio di Bijan, perché non fermarsi a mangiare qualcosa di sfizioso? Per approfondire l'argomento consultare il capitolo dedicato ai nostri ristoranti preferiti.

DOWNTOWN

"La chiamavano Los Angeles, la città degli angeli. A me non sembrava che il nome le si addicesse molto, anche se devo ammettere che c'era parecchia gente simpatica.
Certo, non ho mai visto Londra.
E non sono mai stato in Francia.
E non ho neanche mai visto la regina in mutande, come dicono alcuni.
Però posso dirvi una cosa: dopo aver visto Los Angeles e vissuto la storia che sto per raccontarvi, be', penso d'aver visto quanto di più stupefacente si possa vedere in tutti quegli altri posti, e in tutto il mondo.
Perciò posso morire con un sorriso, senza la sensazione che il Signore mi abbia fregato."
(Il grande Lebowski)

DOWNTOWN

Spesso la parola Downtown si riferisce al centro di una città, ma nel caso di Los Angeles questo centro città è piuttosto ampio e comprende diversi distretti, per cui le cose da vedere e visitare sono davvero tante.

Di certo in questa zona si respira aria di "Stati Uniti" come in nessun'altra parte della città, forse perché gli alti grattacieli presenti vi proiettano in quella dimensione da metropoli tipicamente americana.

La mattina brulica di gente indaffarata, ma dopo il tramonto si trasforma, diventando una zona estremamente affascinante. Sono tantissimi i ristoranti, i bar in cima ai grattacieli dove ascoltare buona musica e bere qualcosa, godendo del panorama della città, e sono tanti anche i locali estremamente interessanti dove trascorrere piacevoli serate.

Downtown è il cuore pulsante, è il luogo dove tutto è nato, è il motore finanziario ed economico, ma non solo.

Vediamo di addentrarci tra le vie ed i distretti del centro di Los Angeles per scoprire cosa ci offre.

Come accennato in precedenza, Downtown è un insieme di "quartieri" che formano questa zona davvero molto grande, ma possiamo affrontare un itinerario a piedi abbastanza interessante muovendoci tra i distretti di Bunker Hill, Financial District e Civic Center.

Se si raggiunge la zona in auto, sotto la piazza di Pershing Square si trova un parcheggio sotterraneo, altrimenti con la metro (linea rossa e viola) si può raggiungere la fermata (Pershing Square Station).

Pershing Square

Il vostro tour a piedi per Downtown inizia proprio da questa piazza; pensata per i residenti, con giochi per bambini e tavoli da scacchi, con la sua fontana a forma di giradischi e il campanile viola rappresenta un modello di architettura moderna davvero particolare. Vi sorprenderà sicuramente.
Nelle vicinanze un'incredibile libreria: **The Last Bookstore (453 Spring St.)**.

Per descrivere la meraviglia di questo posto vi riporto quello che scrivono nella home page del loro sito internet
www.thelastbookstorela.com
"Non siamo davvero l'ultima libreria - grazie al cielo - ma siamo la più grande libreria di libri nuovi e usati della costa occidentale. Inoltre, siamo gli unici ad avere 7.000 metri quadrati con un negozio di dischi, un negozio di fumetti, 5 studi d'arte, un negozio di fumetti epici, un famoso tunnel di libri, una testa di mammut e angoli inaspettati di stravaganza.
Inoltre, siamo in un edificio bancario centenario, quindi abbiamo caveau e fantasmi. Oh, e abbiamo anche tonnellate di libri. Tonnellate"

Adesso tornate indietro e dirigetevi verso un'altra libreria ugualmente affascinante;

Los Angeles Public Library (630 W. 5th Street)

Da Pershing Square, percorrete un po' di strada verso la 5th Street per trovarvi di fronte alla *"Libreria Pubblica"*. Edificio costruito ispirandosi all'antico Egitto, spicca tra i grattacieli con la sua bellissima torre a piramide decorata da mosaici; sulla sommità una mano impugna la fiaccola della conoscenza. Contiene più di 6 milioni di libri e al suo interno, oltre al murale di Dean Cornwell del 1933 che racconta la storia della California, potete osservare mosaici, statue e sfingi. Davvero coinvolgente.

Bunker Hill Steps

Lasciata la libreria, appena attraversata la strada, si presenta una scalinata che vale la pena affrontare. Due lati di scale divisi da una deliziosa fontana (all'inizio della salita).
Arrivati in cima, ci si può riposare ascoltando musica in diffusione. Punto di osservazione perfetto e rilassante dove fare potere fare qualche foto alla torre della Public Library.

OUE Skyspace

Vicinissimo alla scalinata trovate uno dei simboli dello skyline della città, si tratta di un grattacielo di 300 metri da dove si può osservare L.A. a 360 gradi. Sede di una banca, è la piattaforma di osservazione più alta di tutta la California. Sul tetto c'è anche un bar con patio. Una cosa veramente particolare è il suo *Skyslid*: si tratta di 13 metri di scivolo trasparente a cielo aperto, dal quale potrete lanciarvi dal 70° al 69° piano verso la terrazza situata sotto di voi. Esperienza unica.

Aperto dalla domenica al giovedì: dalle 10.00 alle 21.00.
Venerdì e sabato: dalle 10.00 alle 22.00.
Costo del biglietto con scivolo intorno ai 30$.

Angels Flight
(350 South Grand Avenue)

Ci dirigiamo ora verso un altro simbolo di Downtown e di Los Angeles stessa. Situata al 350 South Grand Avenue questa è quella che viene definita la più breve ferrovia al mondo.

Intorno agli anni '50 venne portata in questa zona, ma la sua costruzione risale al 1901. Per 1$ potrete percorrere i suoi 70 metri (in salita o in discesa) oppure farvi la scalinata adiacente a piedi e comunque scattare delle foto.

Spire 73
(900 Wilshire Blvd)

Una delle più emozionanti esperienze a Downtown, è quella di bere un drink o mangiare qualcosa sulla terrazza dello Spire73.
È una cosa che non dimenticherete facilmente.
Vi troverete al 73° piano dell'InterContinental Los Angeles Downtown.
Questo è uno dei bar più alti al mondo, avrete tutta Los Angeles ai vostri piedi in un ambiente affascinante e raffinato, non proprio economico, ma fidatevi, ne vale davvero la pena.

MUSEI E EDIFICI DI PARTICOLARE INTERESSE A DOWNTOWN

Il prossimo sito che vi consiglio, è un museo d'arte contemporanea tra i più importanti della California, il MOCA Grand. Si trova non lontano dalla Angeles Flight, al 250 di South Grand Avenue. Questa è una delle due sedi di Los Angeles. Riconoscibile per il suo edificio decorato con diversi murali.

Passato il portico all'ingresso, nella piazzetta antistante è posizionata una singolare opera d'arte, una scultura realizzata con pezzi di aeroplano.

Poco distante, al 221 di South Grand Avenue incontrerete The Broad, splendido edificio avveniristico sede di un altro importante museo di arte contemporanea, ingresso gratuito.

Andando avanti, proseguendo sempre su Grand Avenue, attraversate la strada e vi troverete al cospetto di un fantastico edificio impossibile da non notare, si tratta del Walt Disney Concert Hall, opera d'arte moderna *"decostruttivista"* ideata dal famoso architetto Frank Gehry. Sala concerti che contiene 2265 posti, è sede della Los Angeles Philharmonic Orchestra.

Troppo originale per non meritare una foto.

A questo punto potrete dire di avere visto una parte soddisfacente di questo percorso, ma, nel caso abbiate ancora tempo da dedicare a Downtown sappiate che ci sarebbe ancora tanto da vedere.

Però diventa opportuno spostarsi in auto per coprire le distanze.

A qualche isolato dal Disney Concert Hall, si trovano tre edifici interessanti.

Si inizia con il Los Angeles City Hall, il municipio della città. Risale agli anni '20 del '900, la sua torre è stata la più alta della città fino alla metà degli anni '60.

Il Los Angeles Times Building, nelle vicinanze, all'incrocio con la 1st Street, in stile *Art Deco*, rappresenta in pieno la Los Angeles degli anni '30.

All'angolo tra la terza strada e la Broadway, si trova un altro edificio importante, il Bradbury Building. Ha una notevole rilevanza storica, costruito nel 1893 è stato dichiarato sito di interesse storico nazionale. Deve la sua fama anche ad un bellissimo film, qui sono state girate le scene dell'appartamento di *"J.F. Sebastian"*, nonché il finale, di *"Blade Runner"*.

Vi ricorda niente la frase: *"Io ne ho viste cose che voi umani non potreste immaginarvi, navi da combattimento in fiamme al largo dei bastioni di Orione, e ho visto raggi B balenare nel buio vicino alle porte di Tannhäuser"*?

Un capitolo a parte merita la zona di **El Pueblo e Olvera Street.**

Per prima cosa recatevi a visitare la
Union Station, (800N Alameda St) si tratta della stazione ferroviaria di Los Angeles, bella da vedere sia all'esterno che all'interno.

Poi attraversate la strada e dirigetevi verso quella deliziosa porzione di Messico situata a Downtown conosciuta come El Pueblo, nella completezza del suo nome sarebbe: *"El Pueblo de Nuestra Señora la Reina de los Ángeles del Río de Porciúncula de Assis."* Da questa zona nasce la città degli angeli, che dal 1781, anno della sua fondazione con soli 44 coloni, si è espansa per diventare la metropoli attuale.

Ma caliamoci nel dettaglio di questa particolare atmosfera.

Si parte da una visita alla **Old Plaza.** Costruita intorno al 1820 era all'epoca il cuore commerciale della città. Si possono vedere nella piazza tre statue dedicate ai fondatori della città di Los Angeles, quella del Re di Spagna Carlo III, quella del governatore spagnolo della California Felipe de Neve e quella di Junipero Serra, (fondatore di molte missioni nella zona dell'Alta California).

In questa piazza possiamo visitare tre luoghi storici davvero interessanti:

Our Lady Queen of Angels Catholic Church

Detta anche *"La Placita"*, questa chiesa, risalente al 1814 e rifondata nel 1861 è uno dei primi tre monumenti della città, considerata anche monumento nazionale di interesse storico.

Old Plaza Firehouse

La stazione dei pompieri più antica della città. Venne costruita nel 1884 e rimase operativa fino al 1897. Dal 1960 è visitabile come museo. Contiene naturalmente tutti i cimeli che ricordano le attività dei pompieri in quel periodo.

Si può visitare tutti i giorni dalle 10.00 alle 15.00.

Biscailuz Building

Palazzo edificato nel 1925 prende il suo nome da Eugene Biscailuz, ex sceriffo della contea di Los Angeles. Sede del Consolato Generale del Messico per quasi 30 anni, ospita attualmente l'Istituto Culturale Messicano.
Al suo interno, si può trovare una notevole collezione di letteratura in lingua spagnola e artigianato tradizionale messicano.
Nella galleria vengono ospitate mostre di arte messicana tradizionale e contemporanea.
All'ingresso campeggia un murale dipinto da Leo Politi intitolato: *"La benedizione degli animali"*.
Ritrae uno storico evento che si svolge ogni anno nella Plaza dal 1938, dove nel periodo di Pasqua vengono benedetti gli animali.

Pico House

Edificato nel 1870 per volere di Pio Pico, (uomo d'affari e ultimo governatore dell'Alta California), questo sito è stato inserito nella lista dei monumenti di interesse storico nazionale, nasce come hotel per rispondere alle esigenze del crescente sviluppo della zona.
L'edificio, costruito in stile italiano comprendeva 33 camere e ai tempi era considerato il più lussuoso e originale hotel della città, conobbe il suo declino quando agli inizi del 1900 il centro degli affari iniziò a spostarsi verso sud.

Olvera Street

Dopo avere esplorato la Old Plaza addentratevi nella suggestiva Olvera Street.

Vi troverete proiettati in un mercato rionale messicano, di certo con un'alta vocazione turistica, ma comunque decisamente imperdibile.

Originariamente questa via si chiamava Wine Street, ribattezzata in seguito Olvera Street, in onore del primo giudice della corte suprema della contea di Los Angeles Agustin Olvera, che risiedeva nella zona.

Questa via viene visitata ogni anno da milioni di turisti, che girano tra le coloratissime bancarelle in cerca di souvenir e che si fermano a mangiare nei tantissimi ristoranti presenti.

Qui si trovano due siti storici decisamente importanti: Avila Adobe e Sepulveda House.

Avila Adobe

Nonostante abbia corso il rischio di essere abbattuta, (come tutta la via del resto) intorno al 1926, è grazie agli sforzi della signora Christine Sterling, (ingegnere minerario che all'epoca si oppose tenacemente a questa decisione) che si può tuttora ammirare la casa più antica di Los Angeles. Costruita nel 1818 da Francisco Avila, prende il nome dall'impasto utilizzato per la sua costruzione: un composto di argilla, paglia e sabbia essiccata al sole che si chiama *"adobe"*.

Si può visitare gratuitamente.

Sepulveda House

Altro edificio di sicuro interesse presente nella via, è la Sepulveda House. Si trova al numero 12 di Olvera Street. Residenza storica costruita nel 1887 dalla Señora Eloisa Martinez de Sepulveda. Ai tempi comprendeva due esercizi commerciali e tre residenze. Attualmente è un piccolo museo visitabile in maniera gratuita.

Chiudiamo questo viaggio nella cultura messicana con alcuni avvenimenti importanti che si svolgono in questa zona.

Oltre alla benedizione degli animali che si tiene il sabato prima di Pasqua, estremamente importante è il **Dia de Muertos**, celebrazione che si svolge in Messico con canti e balli il primo e il secondo giorno di novembre, una festa coinvolgente famosissima in tutto il mondo che a El Pueblo inizia il 25 di ottobre.
Altra manifestazione importante è quella del **Cinco de Mayo**, anche in questo caso grandi festeggiamenti con canti e balli della tradizione messicana. Sempre in questo periodo (5 e 6 maggio) viene organizzato anche il festival "Taco Madness", un festival dedicato al prelibato piatto messicano.
La zona è raggiungibile facilmente in auto, dovete dirigervi al 125 Paseo De La Plaza, nelle vicinanze si trovano diversi parcheggi a pagamento, ma è possibile anche parcheggiare con le dovute attenzioni nelle strade vicine.

Nel caso abbiate intenzione di prendere la metro, la fermata è Union Station, servita dalle linee B rossa, D viola e L oro, non vicinissima ma neanche tanto impossibile. Come già detto altre volte usare l'auto con conducente a noleggio è la cosa più consigliata.

Chinatown

Ricordiamo che nelle immediate vicinanze si trova la Chinatown losangelina, vale la pena farci un giro, vi assicuro che se decidete di mangiare qualcosa in un ristorante cinese da queste parti, non troverete gli involtini primavera.

Ad accogliervi all'ingresso del "quartiere" saranno due draghi posizionati sopra la Broadway Street che prendono il nome di Dragon Gate.

(all'incrocio tra North Broadway e Cesar E. Chavez Avenue).

A seguire il **Thien Hau Temple** affascinante tempio taoista, si trova al 756 di Yale Street. Tempio dedicato alla dea del mare *Mazu*.

A questo punto, se avete un po' di tempo a disposizione dedicatelo ad esplorare le caratteristiche vie di questa zona, prendete la Broadway Street e raggiungete la Gate of Maternal Virtues, la porta di accesso al cuore di Chinatown, attraversatela per entrare nella Central Plaza, da questa piazza perdetevi tra le vie a curiosare tra i negozi, i ristoranti tradizionali e le tipiche case col tetto a pagoda.

Raggiungete infine la **Metro Gold Line Station/Chinatown Station (1231 N Spring St)**. La stazione, bellissima, riprende l'architettura cinese. Nelle immediate vicinanze potrete ammirare la copia della campana Yong Bell, nella South Plaza, una campana in bronzo di oltre 2000 anni che simboleggia la pace perpetua.

Little Tokio

Sempre arrivando dalla Union Station, alla vostra sinistra dirigetevi per la 244 South San Pedro Street, vi attende il **Japanese American Cultural & Community Center** (JACCC), visitando il suo giardino giapponese, il James Irvine, noto come **Garden of the Clear Stream** ,verrete avvolti da un senso di pace. Anche in questo caso, immergetevi nella cultura nipponica visitando i caratteristici ristoranti e i negozi della zona.

Dopo aver viaggiato nel tempo, immersi nelle colorate atmosfere messicane che hanno dato origine alla città degli angeli e fatto un salto in Cina e forse anche in Giappone, concludete il giro a Downtown con una visita a due importanti siti: **Staple Center e Grammy Museum**

Staple Center (111 Figueroa Street)

Stiamo parlando di uno dei palazzetti dello sport più famosi al mondo. Ospita regolarmente le due famosissime squadre di pallacanestro di Los Angeles: i *Los Angeles Lakers* e i *Los Angeles Clippers*, la squadra di basket femminile delle *L.A. Sparks* e quella dei *L.A. Kings di Hockey*.

Ha una capienza di quasi 20.000 persone e al suo interno spesso si svolgono importanti avvenimenti come concerti o manifestazioni come quelle dedicate agli spettacoli di Wrestling. È stato anche utilizzato per ospitare il funerale del compianto Michael Jackson. Nel piazzale antistante l'ingresso, sono posizionate diverse statue raffiguranti alcuni grandi campioni della pallacanestro.

In zona sono reperibili diversi parcheggi, nel sito internet dello Staple **(www.staplecenter.com)** potrete trovare in maniera estremamente dettagliata, tutte le informazioni sui parcheggi e come raggiungere l'arena.

Grammy Museum
(800 W Olympic Boulevard)

Lasciatevi alle spalle lo Staple Center e proseguite per pochi minuti su Figueroa, passando la 1^ Strada, ad un certo punto lo troverete alla vostra sinistra.

Edificio di quattro piani, occupa una superficie di quasi 3000mq tutti dedicati alla musica.

Fu inaugurato nel 2008 in occasione del 50° anniversario dei **Grammy Awards.**

Offre una discreta panoramica di cimeli storici del mondo della musica, spaziando dagli abiti di alcune star a strumenti musicali o dischi e tanto altro.

Al suo interno ha una sede per spettacoli con 200 posti a sedere. Decisamente interessante la sala che ospita uno studio di registrazione.

Essendo il museo interattivo, avrete la possibilità di provare a registrare una canzone e addirittura creare la copertina del vostro disco. Le esposizioni cambiano spesso, naturalmente le sue sale hanno ospitano cimeli appartenuti ad alcuni dei più famosi musicisti del pianeta, dai Beatles a Michael Jackson.

Nel marciapiede antistante si trova una sorta di Walk of Fame, dove, incastonati nel marciapiede, invece delle stelle si trovano dei dischi con il nome dei vincitori dei diversi Grammy.

Se siete appassionati di musica è da non perdere.

Osserva i seguenti orari:
Dal lunedì al venerdì: dalle 10.30 alle 18.30.
sabato e domenica: dalle 10.00 alle 18.30.
martedì: chiuso.
Prezzo
Adulti: 15$
Over 65 e studenti: 13$
Giovani dai 6 ai 17 anni: 13$
Bambini fino a 5 anni: gratis.

Molto probabilmente ci siamo dimenticati di segnalarvi qualcosa, perché la zona di Downtown, è davvero ampia, non dimentichiamo però di farvi qualche raccomandazione. La zona è abbastanza sicura durante il giorno, ma la vicinanza col distretto di Skid Row, famoso per ospitare migliaia di senza tetto, consiglia comunque di fare una certa attenzione, soprattutto la notte.

Evitate posti isolati anche a Chinatown e Little Tokio, a meno che non dobbiate andare a cenare o bere qualcosa in qualche posto particolare, in tal caso occhi aperti e magari spostatevi in maniera mirata, prendete un mezzo che vi porti al locale.

Se siete dei buoni camminatori sappiate che comunque tutto quello che vi abbiamo descritto si trova nel raggio di un paio di chilometri dal nostro punto di partenza.

VENICE

"Los Angeles, dammi qualcosa di te!"
(John Fante Cit. da Chiedi alla polvere)

LA VENEZIA D'AMERICA

Questo distretto di Los Angeles conta circa 40.000 abitanti, e la sua fondazione risale al 1905 grazie al sogno dell'imprenditore Abbot Kinney.

Naturalmente deve la sua fama alla sua enorme spiaggia: Venice Beach, che si estende, dalla Playa del Rey fino praticamente a Santa Monica.

Questa zona è quella che più rappresenta la California dal gusto Hippie, dove artisti del calibro di Jim Morrison, (giusto per citarne uno) hanno contribuito, a partire dagli anni '60, a diffondere in tutto il mondo il famoso "sogno californiano".

Come fate a capire che siete a Venice?

Quando arrivate all'incrocio tra Windward Avenue e Pacific Avenue alzate la testa, perché... sospesa in aria si trova la "Venice Sign" una scritta voluta da Abbot Kinney nel 1905.

Ci siamo, state per vedere l'oceano Pacifico da vicino.

A questo punto immergetevi tra gli artisti di strada, i negozi, i ristoranti e le bancarelle che riempiono il Beach Boardwalk, detto anche Venice Ocean Front Walk.

Cosa vi può offrire di particolare questa spiaggia oceanica?

La prima cosa che balza all'occhio è la moltitudine di persone che invade il Boardwalk; chi fa jogging, chi passeggia curiosando per i caratteristici negozi e chi si ferma ad osservare gli artisti.

Tutto in questa passeggiata parla di "californication".
Per sottolineare questa cosa basta spingersi verso il
Fishing Pier (incrocio fra Ocean Front Walk e
Washington Blvd), il molo di Venice Beach.
Particolarmente frequentato da pescatori è il punto di
osservazione ideale per godere delle evoluzioni dei
surfisti.
Sotto, c'è la spiaggia, decisamente enorme, alle vostre
spalle un viale costellato di altissime palme che
sfiorano un cielo quasi sempre azzurro e davanti a voi
l'immenso Oceano Pacifico, da dove spesso arriva una
fresca brezza.
Nel caso vi venga in mente di fare un bagno, ricordate
che quello che ordina il "lifeguard" di turno, che non
necessariamente sarà Pamela Anderson è legge e che
dovete evitare di bagnarvi dove ci sono i surfisti.
Tra il Boardwalk e la spiaggia possiamo trovare diverse
attrezzature dedicate all'attività fisica.
I californiani tengono molto ad avere un corpo sempre
in forma. Infatti, da queste parti esistono alcune delle
più famose palestre al mondo: **Muscle Beach**,
iconica palestra all'aperto, dove potrete osservare
diversi culturisti che si allenano. Vicino alla palestra
esiste anche una sorta di Walk of Fame del fitness, con
delle targhe commemorative posate in onore dei
personaggi che hanno contribuito allo sviluppo di
questo tipo di industria.

Tra le altre palestre presenti in zona abbiamo quella che pare essere la più famosa della città: la **Gold's Gym (360 Hampton Dr.)**, aperta da lunedì a venerdì dalle 04.00 del mattino alle 24.00 e nel week-end dalle 05.00 alle 23.00.

Da segnalare il Muscle Beach Championship, che si svolge in maggio durante il Memorial Day, il 4 di luglio e infine in settembre, nel Labor Day.

Poco più avanti trovate un'altra famosissima struttura dedicata ad un'attività particolarmente cara ai californiani, il **Venice Beach Skate Park**, un grande spazio di fronte al mare dedicato a tutti quelli che desiderano cimentarsi con lo skateboard. Si può restare davvero incantati nell'osservare i ragazzi compiere spettacolari evoluzioni. E naturalmente se siete provetti equilibristi dello skateboard, niente vi vieta di provare ad ondeggiare sulle curve della pista e confrontarvi con i ragazzi californiani. Sempre in zona non mancano i campi da basket, inutile dire che sono molto frequentati. Per gli amanti del surf invece indichiamo la zona di Breakwater. Nel caso abbiate intenzione di surfare, attenti sempre alle indicazioni dei "lifeguard".

Abbandonate ora la parte "sportiva" della spiaggia e, sempre percorrendo il Boardwalk, fate un giro dalle parti del **Gingerbread Court (517 Ocean Front Walk).**

Location davvero carina, stradina piena di ristoranti particolari e negozi interessanti, zona consigliata per riposarsi un attimo e magari mangiare qualcosa.

 Lasciandovi alle spalle la spiaggia ma sempre in zona, al 340 di Main Street incontrate il **Chiat Day Building**, uno degli edifici più originali che un architetto potesse mai concepire.

La sua struttura rappresenta un binocolo e non per niente il suo soprannome è Binocular building. Questa costruzione, in stile post-moderno è stata concepita dall'architetto di Los Angeles Frank Gehry. Ospita un ufficio commerciale e funge da sala convegni.

Vi consigliamo anche altri due edifici davvero particolari.

All'incrocio tra Main Street e Rose Avenue una Ballerina Clown alta 9 metri vi guarda dall'alto del Renaissance building. Si tratta di una scultura in fiberglass, acciaio e alluminio.

E per finire **El Bordello Alexandra**, edificio risalente al 1906, sembra la location di un romanzo fantasy. Si mormora, che in principio l'edificio fosse un bordello, adesso è un condominio, dove gli inquilini, sette personaggi tutt'altro che banali, ci abitano pagando dai 2.000 ai 2.500$ di affitto al mese. La sua architettura è un insieme di eccentricità che rende omaggio allo spirito artistico della zona, e anche a quello degli stessi inquilini. Lo potete ammirare al 20 Westminster Ave, Venice.

Menzione particolare merita l'**Abbot Kinney Boulevard**: lungo viale, molto frequentato, viene spesso usato come location di film o pubblicità, è pieno di interessanti negozi, ristoranti e gallerie d'arte. Il primo venerdì del mese, nel pomeriggio si anima in modo particolare. Il viale si riempie di *food trucks* e i negozi restano aperti più a lungo. Ma l'autentica sorpresa arriva adesso.

State per addentrarvi nel cuore della zona storica di Venice, impossibile non rimanere a bocca aperta. Siamo ancora a Los Angeles, ma l'impressione è quella di ritrovarsi di colpo catapultati in un luogo magico. Adesso finalmente si capisce il perché del nome Venice, anche se non ci sono le gondole. Godetevi la bellezza di questo posto, il suo silenzio e non date fastidio alle anatre, i residenti ci sono particolarmente affezionati.

Il Venice Canal Historic District **(Eastern Court, Strong Dr., Carrol Ct. e Canal Ct)** è la zona dei canali, fortemente voluta da Abbot Kinney nel 1905, da qui il nome di Venice.

Questa deliziosa zona residenziale, dove spicca la vegetazione, è un'area pedonale che si distingue per l'originalità di alcune sue abitazioni, oltretutto piuttosto care (ma la location ne giustifica il prezzo). Per raggiungere le sponde dei canali ci sono tanti piccoli ponti, che consentono a modeste imbarcazioni, di spostarsi all'interno della zona. Visitare Los Angeles e non addentrarsi in questa zona è un sacrilegio.

Se avete un attimo di tempo è consigliato visitare l'ufficio postale.

No, non dovete entrare, è solo un ufficio postale come tanti altri, ma al suo ingresso l'artista Edward Biberman ha dipinto un murale che raffigura la nascita di Venice, inclusa l'immagine di Abbot Kinney, il fondatore. L'edificio risale al 1939 e si trova al 313 di Grand Boulevard.

Visto che ci siete, fate una visita anche alla **Mosaic Tile House (1116 Pams Blvd)** una casa con giardino realizzata dalla coppia di artisti Cheri & Gonzalo tutta costruita in mosaico. La struttura è aperta al pubblico a pagamento dal venerdì alla domenica dalle 14.00 alle 15.00 (15$ adulti, 10$ dai 12 ai 6 anni).

Non trascurate il fatto che, durante tutto l'anno in questa zona, accadono diversi avvenimenti interessanti: iniziamo col **Venice Spring Fling**, la manifestazione si svolge a maggio con eventi artistici per tutti i gusti.

Manifestazione identica si svolge ad agosto e si chiama **Venice Beach Music and Art Festival**.

A luglio invece si tiene il **Venice Beach Festival**, anche qui tanto divertimento. Il tutto si svolge al Windward Plaza Park.

Altra manifestazione degna di nota è il **Festival of Chariots**, si tratta di una parata che rievoca una antica tradizione dei nativi americani chc si ticne ad agosto lungo il Boardwalk. Tre grandi carri percorrono la passeggiata con diversi festeggiamenti ed intrattenimenti.

Chiudiamo con **l'Abbot Kinney Festival**.

Per tutto il percorso dell'Abbot Kinney Boulevard si possono trovare bancarelle, track food vari, intrattenimento per bambini e tanta musica. Il festival si svolge a settembre.

Anche a dicembre comunque non si perde l'occasione per fare festa, con gli **Holiday Events** iniziano le celebrazioni natalizie.

SANTA MONICA

Mi resi conto all'improvviso che mi trovavo in California.
Caldo, aria balsamica – un'aria che si poteva baciare – e palme.
(Jack Kerouac, On the road)

SANTA MONICA

Avete mai sentito parlare del telefilm Baywatch?
Penso proprio di sì, bene, nel caso non vi ricordiate della location, ma abbiate ben presente Pamela Anderson non vi posso biasimare. Allora vi ricordo io che il tutto si svolgeva nella dorata spiaggia di Santa Monica.

Ci troviamo al confine nord con Venice Beach, questa città che fa parte della contea di Los Angeles situata nella baia che porta lo stesso nome, ha una popolazione di 90.000 abitanti e deve la sua fama alla vocazione turistica e cinematografica. Più di 7 milioni di visitatori ogni anno decidono di visitarla! Secondo National Geographic è una delle 10 migliori città balneari, al mondo.
La spiaggia di Santa Monica ha una media di 280 giorni di sole all'anno, il suo molo, il "**Santa Monica Pier**" è una delle mete più gettonate da turisti e registi.
La zona in origine era abitata dai nativi della tribù dei *Tongva,* e come un po' per tutta la storia dei nativi americani, di questa tribù rimane solo il ricordo. In questo caso si tratta del Tongva Park, di cui parleremo in seguito. Si arriverà intorno al 1870 per acquisire lo status di municipio e avere i primi collegamenti con la città di Los Angeles.

Perché non deve mancare una visita alla città di Santa Monica se decidiamo di fare una vacanza a Los Angeles?
Per il semplice motivo che il suo molo, è forse il più famoso al mondo. Allora cosa volete fare? Tornare a casa senza una foto dove siete abbracciati al palo che segna la fine della *Route 66*? Impossibile.

Santa Monica Pier

La sua apertura ufficiale risale al 9 settembre del 1909, negli anni ha attraversato diverse vicissitudini, tra le quali anche il rischio di demolizione, ma per fortuna questa icona della California è ancora presente con tutte le sue fantastiche attrazioni.

Ci si arriva da **Colorado Avenue** percorrendo la rampa di ingresso (si deve passare sotto l'arco che porta la scritta luminosa del *Santa Monica Yacht Harbor*).

Di solito qui si scatta la prima foto.

Iniziate dunque la vostra passeggiata osservando sotto di voi un grande parcheggio e a seguire la spiaggia dorata che si estende dai due lati del molo.

Durante il percorso troverete veramente di tutto, dai bravissimi artisti di strada a storiche attrazioni, come per esempio la **Santa Monica Merry Go Round,** una splendida giostra di cavalli risalente agli anni '20 del novecento. Tra diversi punti di ristoro e negozi di souvenir, il molo si estende fino al punto finale dove di solito si ritrovano diversi pescatori.

Alla vostra sinistra, prima della fine del molo, guardando il mare, trovate il famosissimo *Pacific Park*.

Questo parco divertimenti posizionato direttamente sull'Oceano Pacifico, ospita quella che possiamo definire l'icona di Santa Monica: è la *Ferris Wheel*, la ruota panoramica ad energia solare che abbiamo visto tantissime volte al cinema o in televisione.

 Naturalmente il parco propone attrazioni di ogni tipo, per bambini e adulti come ogni Luna Park che si rispetti. Potete anche vistare l'**Aquarium,** che ospita diversi animali marini.

Scontato dire che, oltre a tutte le attrazioni, il fantastico panorama e l'Oceano, non mancano diversi punti di ristoro, come la catena **Bubba Gump Shrimp Co.** Esatto quella del film *Forrest Gump*. Naturalmente si mangiano gamberetti in tutte le salse. Vi segnaliamo anche la **Route 66 Last Stop Shop**, si mangia e si possono comprare souvenir.

Nelle immediate vicinanze del Bubba Gump**,** si trova un altro punto dove è obbligatorio scattare una foto, si tratta del cartello *"Route 66, end of the trail"*. Se siete partiti da Chicago con l'intenzione di percorrere tutta la **Route 66** sappiate che questo cartello ne indica la fine.

Le calamite souvenir le vende il negozietto lì vicino, il **Cali 66**. Fermo restando che nel Pier c'è sempre un grandissimo fermento durante tutto l'anno, d'estate soprattutto si svolgono concerti all'aperto, vengono proiettati film e si tengono diverse attività.

Dopo avere visitato le attrazioni del Pier, mi pare cosa buona e giusta, andare sotto e stendersi un po' al sole sopra la sabbia dorata di questa magnifica spiaggia.

Santa Monica State Beach.

Probabilmente una delle più belle spiagge della contea di Los Angeles, rasenta i sei chilometri di lunghezza. È possibile divederla in due parti: la zona a sud del molo e quella a nord del molo.

La prima è il naturale proseguimento della spiaggia di Venice, la seconda confina con la spiaggia di uno dei più belli e ricchi quartieri di L.A. Pacific Palisades.

Alle spalle della spiaggia si trova la Pacific Coast Highway, famosa arteria autostradale panoramica che percorre buona parte della costa californiana.

La **Santa Monica State Beach** offre molteplici attività, dal nuoto alla pallavolo, (pare che il Beach volley sia nato proprio qui) passando naturalmente per l'immancabile surf. Ovviamente il clima mite tutto l'anno permette di godere appieno della location anche per delle semplici passeggiate. Non mancano aree giochi per bambini, una grande scacchiera pavimentata e parchi.

La zona nord è collegata alla città tramite ponti o camminamenti, la zona sud si trova allo stesso livello della città, costeggiata da hotel, parcheggi e case.

Fa parte dello spirito amichevole e aperto di Santa Monica anche la Will Rogers State Beach, spiaggia LGBTQ non ufficiale di Los Angeles ma comunque molto amata e frequentata da questa comunità.

Anche qua tanto surf, campi da pallavolo, servizi igienici, attrezzature da ginnastica.
Molto frequentato in zona il famoso bar gay The Birdcage.
Bisogna anche ricordare l'**Original Muscle Beach,** (quella di Venice nasce dopo). È stata fondata all'inizio degli anni '30 e si è sviluppata nel tempo come epicentro del movimento del fitness del XX° secolo.
Attualmente ancora molto popolare.
Naturalmente, a ridosso della spiaggia esiste una deliziosa zona pedonale e ciclabile con le immancabili palme, che offre un punto di osservazione sul Pacifico davvero emozionante: l'**Ocean Front Walk.**
Tutto il litorale è costeggiato da un lungo viale alberato, l'Ocean Avenue.
Passeggiando per questa lunga "via", avrete la possibilità di ammirare l'oceano, fare shopping e rilassarvi per godere del panorama.
Potreste decidere di fermarvi al **Tongva Park.**
Si tratta di una splendida area verde, attrezzata per fare picnic. Lungo i suoi sentieri incontrerete diverse fontane, un anfiteatro e naturalmente una bellissima visuale sul litorale. Al suo interno si trovano quelli che vengono chiamati i *"Tre Amigos"*: si tratta di tre alberi di fico che pesano ognuno più di 100 tonnellate.
Se lo incontrate, non dimenticate di salutare **"Morty"** anche lui è un bellissimo enorme esemplare di fico.
Il parco prende il nome dai nativi che abitavano la zona prima della fondazione della città e si trova tra **Ocean Avenue e Main Street.**

Un altro parco che consigliamo per ammirare le bellezze della baia di Santa Monica, è il **Palisades Park**. Anche in questo caso aree attrezzate per picnic, tantissimo verde con diverse varietà di piante e un giardino di rose con molte sculture al suo interno. Si trova sopra una terrazza costiera. Inizia in pratica dal molo di Santa Monica e prosegue a nord fino alla Adelaide Drive. Durante la visita al parco si possono incontrare diversi cimeli storici. Una menzione particolare merita la **Camera Obscura di Santa Monica**.

Dal 1955 è situata all'interno del parco e si può vedere una proiezione della baia su un tavolo di osservazione. A proposito di osservazione, ve ne ricordo una importante: nei parchi è vietato fumare.

A questo punto non può mancare però una visita al prezioso centro cittadino, ne vale davvero la pena.

Downtown Santa Monica

La strada più importante da visitare è senza ombra di dubbio la **Third Street Promenade**. Pensate, l'unica grande via interamente pedonale di tutta l'area di Los Angeles.

Alla fine del 900' questa zona era il cento cconomico della città, ma negli anni '60 si decise di convertire tre isolati a centro commerciale pedonale. Il nome, era *Santa Monica Mall*. Prese in seguito il nome di *Third Street Promenade* con l'inaugurazione ufficiale nel 1989.

Posizionate al centro della via incontriamo originali e affascinanti fontane con siepi modellate a forma di dinosauro. Non mancano naturalmente negozi e ristoranti e un notevole centro commerciale, il **Santa Monica Place**. Centro commerciale all'aperto su tre piani, al suo interno si trova anche un teatro dedicato al divertimento, il M.I's Westside Comedy Theater. La Terza Strada è stata progettata proprio per favorire la vita pubblica.

Decisamente importante oltre ai vari ristoranti e negozi è lo spazio dedicato all'intrattenimento.

Sono molti e di qualità gli artisti di strada che vedrete esibirsi durante la *promenade*, infatti non è raro imbattersi in gruppi di persone che ballano per strada sotto la spinta di qualche virtuoso musicista. Questa "via" è molto frequentata dai turisti, vi garantisco che al pari del molo è veramente piacevole passeggiare da queste parti curiosando per i negozi e godendo delle performance di eccezionali artisti di strada.

Un'altra strada importante è la **Main Street**, anche in questo caso tanti negozi e ristoranti. Interessante il Center for the Arts ricco di iniziative ed eventi e il City Hall, l'antico edificio che ospita il municipio.

Non lontano abbiamo **Montana Avenue**, oltre ai soliti negozi e ristoranti qui si trovano: la Branch Library, una grande biblioteca tecnologica e l'Aero Movie Theatre, un cinema risalente al 1940 che aveva la peculiarità di essere aperto 24 ore al giorno, all'epoca era l'unico.

Nel caso siate interessati a visitare qualche museo vi segnaliamo:

Il **Museum of Flying (3100 Airport Ave)**.

Al suo interno si trova la fedele riproduzione del "Wright flyer," l'aereo con il quale i fratelli *Wright* fecero i primi esperimenti di volo. Nel museo del volo non mancano altri aeroplani storici, un'area dedicata ai bambini e diversi altri reperti dedicati all'aeronautica.

Tutte le informazioni più dettagliate le trovate sul sito: **www.museumofflying.org**

Il **California Heritage Museum (2612 Main St)**

Museo dedicato alla storia della cultura californiana. Scoprirete la California e tutto ciò che l'ha resa così iconica nel mondo: mostre, pubblicazioni, ed eventi vari. Il museo si trova in un edificio storico del 1894.

Per ulteriori informazioni visitate il sito ufficiale: **www.californiaheritagemuseum.org**

EVENTI

Tra gli eventi da segnalare non possiamo non consigliare la parata del **4 di luglio**, la festa nazionale dell'indipendenza americana, la mattina si svolge un corteo che parte dall'intersezione di **Pico Blvd.** e **Main St.**, e termina al parcheggio numero 5 della spiaggia. Si svolge con diversi personaggi in costume rappresentativi della storia americana, tanta musica e diversi eventi.

Per gli appassionati di musica jazz invece segnaliamo il: **Jazz on the Lawn** ogni sabato sera di agosto al **Gandara Park (1819 Stewart St).**

Voglia di cinema?
Tutti i venerdì sera di luglio e agosto lungo la 3rd Street Promenade si svolge **Cinema on the Street,** proiezione gratuita di film all'aperto.
Se invece avete voglia di acquistare del buon cibo direttamente da produttori locali, sappiate che ogni domenica, dalle 8.30 alle 13.30 al **2640 di Main Street** potrete trovare il **Sunday Main Street Farmers Market** (musica dal vivo, intrattenimento per bambini e altre attività). Si replica col Downtown Farmers Market, dalle 8.30 fino alle13.30.
Siete a Downtown Santa Monica / Third Street Promenade Arizona Avenue (tra la 4th e Ocean). Probabilmente si tratta del miglior mercato agricolo di tutta la California, una buona occasione per conoscere le specialità locali.

COME MUOVERSI

Santa Monica è una città che favorisce tantissimo la possibilità di viverla passeggiando, anche in bici o con i monopattini in affitto. Quindi, una volta che siete arrivati in città, muovetevi in questo modo.
Vediamo ora come raggiungere Santa Monica.
Bisogna dire che esiste un aeroporto municipale, quindi sappiate che si può arrivare in aereo, ma non penso che faccia al caso vostro.

Dall'Italia si atterra all'aeroporto internazionale di Los Angeles (LAX), dal quale poi vi potrete dirigere verso Santa Monica.

Esistono autobus con servizio diretto, navette e altri mezzi di trasporto.

Le tariffe per le navette tra LAX e Santa Monica partono da circa 15$ a persona solo andata, 30-40 andata e ritorno a persona (10-20 per ogni persona in più), mancia esclusa.

Le navette si trovano al piano inferiore dell'aeroporto.

Fermo restando che è sempre consigliabile noleggiare un'auto, (secondo noi il mezzo ottimale per spostarsi nella contea di Los Angeles) esiste comunque la possibilità di usufruire dei mezzi di trasporto locali, per esempio i *Big Blue Bus* che circolano nella città di Santa Monica e in alcune aree di Los Angeles, oppure **L.A. County Metropolitan Transportation Authority,** che si muove nella contea di Los Angeles con i suoi autobus.

In alternativa si può usufruire della *Light Rail* della Expo Line, è una linea simile a quella del tram, lunga 10.6 chilometri, che collega Santa Monica alla città di Culver City più ad est, ma nel suo percorso effettua 80 fermate.

Se volete potete prendere il taxi per Santa Monica con una spesa che si aggira intorno ai 35/40$. Un buon metodo per risparmiare è quello di utilizzare le società di *ridesharing* su richiesta Lyft e Uber, i costi sono pari quasi alla metà del taxi, sui 20$.

PARCHEGGIARE

Se arrivate con l'auto che avete noleggiato, allora vi potrebbero tornare utili le seguenti informazioni sui parcheggi:

PARCHEGGIO SULLA SPIAGGIA DI SANTA MONICA

Dal 23 dicembre 2020, le casse dei parcheggi sulla spiaggia con personale, sono tutte chiuse. Durante le festività natalizie, si paga presso i chioschi di pagamento situati nel parcheggio.
Il parcheggio della spiaggia di Santa Monica è suddiviso nelle seguenti tre zone:
Zona Sud: Lotto 4 Sud e Lotto 5 Sud.
Zona centrale: Lotto 1 Nord, Lotto 3 Nord, Lotto 1 Sud, Lotto 2 Sud e Lotto 3 Sud.
Zona nord: dal lotto 4 nord al lotto 9 nord.
Esiste comunque un' app scaricabile che offre informazioni in tempo reale.
Nella spiaggia di Santa Monica si possono trovare colonnine-ricarica per auto elettriche.
Sezione del lotto 1 nord: aperto dalle 6.00 alle 2.00 e il lotto del ponte superiore del molo che è aperto quasi sempre 24 ore al giorno.
Da 7$ a 18$ al giorno per parcheggiare (il prezzo varia in base al giorno e alla stagione).

PARCHEGGI NEL CENTRO DI SANTA MONICA

Lungo la 2nd Street e la 4th Street nel centro di Santa Monica possiamo trovare diversi parcheggi pubblici.
Zone 1-8 del centro di Santa Monica e il Ken Edwards Center, aperti 24 ore al giorno. Gratuiti i primi 90 minuti, in seguito le tariffe variano a seconda del giorno e della durata del parcheggio.

Santa Monica dispone naturalmente di parchimetri su strada in tutta la città, accettano pagamenti tramite moneta o carta di credito.
I parchimetri su strada e le macchinette a pagamento costano in genere 2,50$ l'ora nelle zone di Downtown e Beach Meter e 1,25$ l'ora in tutte le altre zone.

Se non volete spendere cifre esorbitanti, parcheggiate un po' fuori dal centro, scaricate l'app per affittare i monopattini e muovetevi per la città con quelli, utile e divertente.

MALIBÙ

♫ *"Il cielo è così blu a Malibu*
Vicino a te
Siamo come le onde che scorrono avanti e indietro
A volte mi sento come se stessi affogando
E tu sei qui per salvarmi
E voglio ringraziarti con tutto il mio cuore
E' un nuovo genere di inizio
Un sogno che diventa realtà a Malibu"
(Malibù di Miley Cyrus)

MALIBÙ

Non siamo lontani dalla metropoli di Los Angeles, ma tutto quello che vediamo è una serie di spiagge meravigliose, l'infinito Oceano e anche tanta natura affascinante, sarà per questo motivo che star come Julia Roberts o Richard Gere hanno deciso di viverci come altri 13.000 abitanti, che preferiscono chiamare la città semplicemente "The Bu".

Percorrendo la Pacific Highway in direzione di Santa Barbara e lasciandoci alle spalle Santa Monica, ad un certo punto ci darà il benvenuto un cartello che recita la scritta: *"27 miglia di panoramica bellezza"*.

Ci aspetta un lungo elenco di spiagge, tante dall'aspetto ancora incontaminato, altre dominate da ville milionarie posizionate sul litorale.

Naturalmente Malibù non è solo questo, ma anche chilometri di sentieri in mezzo alla natura, canyon e tanto altro.

Vediamo quali sono le spiagge più affascinanti partendo da un punto di osservazione decisamente interessante.

Il Pier di Malibù (23000 PCH)

Il molo, rispetto a tanti altri si presenta in modo abbastanza essenziale, ma ottimale per passeggiare in modo rilassato e osservare la scogliera e le residenze faraoniche presenti, molto frequentato da pescatori.

Lagoon State Beach (23200 PCH)

Non lontanano dal molo, la Lagoon State Beach. Parcheggiate la vostra auto all'incrocio tra la Pacific Coast Highway e Cross Creek Road, percorrete i sentieri e alla fine vi troverete di fronte ad una laguna formata dal torrente Malibù Creek prima di tuffarsi nell'Oceano.

Questa è anche un'ottima zona per la pratica del "*bird watching*".

Un po' più avanti si trova un tratto di spiaggia che possiamo definire uno dei posti preferiti dai surfisti, la Surfrider Beach. Pensate che questa è la prima zona protetta al mondo in cui praticare il surf durante l'inverno (World Surfing Reserve).

Toponga beach (18700 PCH)

Arrivando dalla città di Los Angeles, Toponga è la prima spiaggia che incontrate nell'enorme litorale di Malibù, confina col quartiere di Pacific Palisades, zona molto frequentata dai surfisti..

Carbon Beach (22466 PCH)

Quella che segue è anche detta "la spiaggia dei milionari", conta quasi ottanta ville che guardano il mare da molto vicino.

Lunga circa 2.5km è diventata accessibile ai "comuni mortali" grazie ad un contenzioso aperto dalla signora Ackerberg che ha ottenuto un punto di accesso centrale che i locali chiamano "Ackerberg access".

Paradise Cove (28128 PCH)

Bellissima baia, il suo tratto di spiaggia sicuramente ben si adatta a chi desidera vivere il mare in modo comodo e rilassato, infatti offre la possibilità di usufruire di un attrezzato stabilimento balneare dotato di tutti i comfort.

Point Dume State Beach

Si tratta di un litorale variegato, dove si può fare surf, nuotare, fare immersioni e pescare. Comprende due spiagge:

La prima è **Big Dume Beach (29245 Cliffside Dr)** nota anche come Dume Cove Beach, una caletta raggiungibile attraversando una riserva naturale e una lunga scala ripida. Se poi avete voglia di salire fino ad un punto denominato Point Dume, avrete la possibilità di osservare da febbraio ad aprile la migrazione delle balene grigie. Questo punto è anche frequentato da appassionati di free climbing. La cosa interessante è che sotto il belvedere di Point Dume si trova la splendida spiaggia nascosta di Pirate's Cove (si raggiunge passando dietro le rocce della vicina spiaggia di Westward Beach). Se per caso avete visto il film *"Il Pianeta delle scimmie"* sappiate che vi trovate nella spiaggia dove si vede la Statua della Libertà affossata nella sabbia.

La seconda spiaggia **Little Dume Beach (29245 Cliffside Dr)**, si raggiunge camminando sul bagnasciuga o da Cove Beach o da Big Dume; frequentata da surfisti presenta diverse abitazioni edificate sulla scogliera.

Westward Beach (7103 Westward Beach Rd)

L'abbiamo citata precedentemente per potere raggiungere Pirates' Cove. Sono circa cinque chilometri di ampio arenile contornato da scogliere. È servito dalla vigilanza dei guardaspiaggia e da altre comodità.

In questo litorale sono state girate tantissime scene di film famosi, da *"Iron Man"* al già citato *"Pianeta delle Scimmie"*. Si può accedere ai sentieri che salgono fino al Point Dume Natural Preserve tramite il parcheggio di Westward Road.

Zuma Beach (30000 PCH)

Continuando in direzione di Santa Barbara non possiamo non citare una delle spiagge più belle della California, tre chilometri di spiaggia libera, molto frequentata dalla gente del posto, non mancano i servizi, i campi da pallavolo e le aree picnic.
La rassicurante presenza dei lifeguard rende questa spiaggia adatta alle famiglie.

El Matador (32215 PCH)

Si può accedere alla spiaggia da un parcheggio a pagamento percorrendo un sentiero facilmente praticabile. In questo tratto di mare non è consigliabile farsi il bagno, ma il panorama è spettacolare. Impossibile non scattare delle foto al tramonto inquadrando uno splendido arco di roccia denominato Rock Arch.

Leo Carrillo State Beach (35000 PCH)

Si accede dal Leo Carrillo State Park. All'ingresso troviamo un parcheggio a pagamento. Il parco porta fino al litorale di Leo Carrillo State Beach, che si suddivide nelle seguenti spiagge.
North Beach: molto grande, è consentito l'accesso ai cani ed è adatta alle famiglie.
Sequit Point: una spiaggia con grotte e pozze esplorabili la mattina con bassa marea.
South Beach: spiaggia sabbiosa, anche in questo caso è facile osservare delle pozze create dalla bassa marea.

Queste erano le più famose e le più belle spiagge che avevamo intenzione di consigliarvi, sappiate che ne esistono anche altre, sicuramente meno affascinanti, ma comunque pubbliche.

Altri luoghi di interesse:
Parco Statale di Point Mugu (9000 W. PCH)

Vi consigliamo di concludere questa escursione lungo la litoranea di Malibù col Parco Statale di Point Mugu. Si dipana per una tratta di otto chilometri di costa ad ovest delle Santa Monica Mountains. Un paesaggio splendido che varia da ampie spiagge a dune di sabbia, due canyon fluviali e tanta altra natura con molti sentieri, un vero paradiso per gli escursionisti.

Il Solstice Canyon (3455 Solstice Canyon Rd)

Un sentiero molto famoso e apprezzato dagli escursionisti per la presenza di cascate perenni. Percorre le Santa Monica Mountains per una decina di chilometri, offre un fantastico panorama dell'oceano e un'enorme varietà di esemplari faunistici e di piante.

Getty Villa (7985 PCH)

Ci troviamo alle porte di Malibù, anche se, fondamentalmente Villa Getty risulta nel confinante distretto di Pacific Palisades. Questa splendida struttura, fatta costruire dal magnate del petrolio Paul Getty è un pezzo pregiato da non perdere.
Edificata come un'antica villa romana, si ispira alla *"Villa Dei Papiri"* di Ercolano. Fu realizzata nel 1974 ed è una delle sedi del Getty Museum.
Mentre il Getty Center a Brentwood contiene soprattutto opere che vanno dal medioevo in poi, la Villa Getty ospita un museo che espone circa 45.000 pezzi d'arte greca, romana ed etrusca. Uno dei pezzi più importanti è l'Atleta di Fano, un nudo in bronzo a grandezza naturale. Circa 1.200 pezzi selezionati dalla collezione del museo sono esposti nelle 23 sale della mostra permanente, altre cinque sale sono invece riservate a mostre temporanee. L'edificio, decorato da affreschi e mosaici in stile romano; comprende anche quattro giardini con vegetazione mediterranea ed un teatro all'aperto in stile greco antico.

Villa Getty dispone anche di una biblioteca con più di 20.000 libri, due caffetterie, un negozio e un'area picnic.

Ingresso gratuito dalle 10.00 alle 17.00, chiuso il lunedì.
Il parcheggio auto costa 15$ ma si può raggiungere con l'autobus dalla fermata Sepulveda Boulevard, linea 734.

Surf Museum (24255 PCH)

Di stampo totalmente diverso, ma comunque interessante è questo museo del surf. Situato all'interno della Pepperdine University's Payson Library, ospita 30 tavole da surf storiche, alcune risalenti ai primi anni del Novecento.

Adamson House (23200 PCH)

Si tratta di una tenuta con residence, splendida abitazione storica in stile spagnolo coloniale arredata con mobili dei primi anni del '900. Il residence e la tenuta si trovano sulla costa, all'interno del parco **Malibù Lagoon State Beach**.
Questo edificio è stato definito il *"Taj Mahal di Tile"* per l'ampio uso di piastrelle decorative. La sua architettura fonde in maniera creativa lo stile moresco con quello coloniale spagnolo (è stato definito uno stile *revival Mediterraneo*).

Edificato nel 1929, con i suoi due piani e dieci stanze è uno dei posti più visitati di Malibù. Confinante con la Adamson House il piccolo museo della laguna di Malibù che contiene un'interessante collezione di manufatti e fotografie rare. Una buona opportunità per conoscere la storia della zona dalla prima era dei nativi *Chumash* attraverso la cultura spagnola della California.

Il costo del tour guidato della casa è di 7$. Per ulteriori informazioni visitate il sito dedicato.

www.adamsonhouse.org

Malibù Arts Festival
(PCH & Civic Center Way Malibù)

Oltre al surf e alle bellissime spiagge, una delle cose più importanti di Malibù è il **Malibù Arts Festival**. Avvenimento che da ormai 45 anni, si svolge nell'ultima settimana di luglio; più di 200 artisti, tra pittori scultori e fotografi si danno appuntamento per due giorni dedicati alle arti visive.

Questo festival *open air* è considerato uno dei più interessanti della California.

GRIFFITH PARK
OSSERVATORIO GRIFFITH

"È la natura surreale di Hollywood: innamorarsi istantaneamente di idee che almeno sulla carta sono pessime. E non si può non amarla proprio per questa ragione."
(Tim Burton)

GRIFFITH PARK
OSSERVATORIO GRIFFITH

Se esiste questo splendido parco dobbiamo ringraziare il gesto filantropico di un immigrato gallese di nome Griffith J. Griffith.

Grazie alle fortune accumulate con l'oro, il colonnello Griffith acquistò un'ampia porzione di terreno dalle parti dell'allora *"Rancho Los Feliz"*, lo stesso osservatorio Griffith in effetti si trova proprio sopra l'attuale distretto "Los Feliz". Tutto questo accade nel 1882. Il "nostro" colonnello decide di donare alla città di Los Angeles nel dicembre del 1896, 17kmq di terreno per realizzare un parco ad uso gratuito. Alla morte lasciò in testamento una cospicua somma di denaro per costruire l'Osservatorio Astronomico e il Greek Theater. Da segnalare il fatto che, sempre il "nostro" colonnello, durante una vacanza a Santa Monica, sparò alla moglie ferendola in modo piuttosto grave, cosa che gli costò qualche anno di prigione.

Sarà la sua statua in bronzo ad accogliervi all'ingresso del parco. Il Griffith Park si estende per 17kmq, al suo interno, i punti di interesse principali, sono: l'Osservatorio Astronomico e il Teatro Greco.

Ma il parco non è solo questo, per la gioia degli escursionisti prevede più di 80km di percorsi immersi in una vegetazione incontaminata.

Si estende ad est fino alle *Santa Monica Mountains*. Si può raggiungere la sommità del monte Hollywood, che con i suoi quasi 500 metri è il punto più elevato del parco. Vi segnaliamo all'interno del parco "L'Autry Museum of the American West" (Griffith Park 4700 Western Heritage Way). Si tratta di un museo dedicato alla storia del West Americano. All'interno del parco si trova anche lo Zoo di Los Angeles.

Los Angeles Zoo and Botanic Garden (5333 Zoo Drive)

Potrete fare visita a più di 1100 animali, e osservare più di 7.500 diverse specie di piante. Molto famoso per l'habitat dedicato agli scimpanzé, uno dei migliori al mondo.

Orario: 10.00 - 17.00
Ingresso 20$
Prenotazione obbligatoria
Lo zoo è chiuso il giorno del Ringraziamento e il 25 dicembre.

Griffith Observatory (2800 E Observatory Rd).

"Se tutta l'umanità potesse guardare attraverso quel telescopio, cambierebbe il mondo!"

Queste sono le parole di Griffith J. Griffith, l'uomo che ha voluto la costruzione di questo luogo incredibile. Si tratta di una delle attrazioni più famose della California. Edificato nel 1935, per volere del colonnello Griffith, che ne finanziò la costruzione a patto che la sua fruibilità fosse gratuita. Si trova sul versante meridionale del Monte Hollywood e permette l'osservazione di gran parte della città. È anche un buon punto di osservazione per la scritta Hollywood. Ogni anno più di 1.5 milioni di persone visitano questo famosissimo osservatorio astronomico.

Il *"telescopio Zeiss"* è il telescopio attraverso il quale più di 8 milioni di persone hanno osservato le stelle, più di qualsiasi altro telescopio nella storia. La stessa cosa vale per il *"celostato"*, (telescopio solare) capace di filtrare il disco solare.

Le osservazioni sono possibili fino alle 21.45 anche con la guida di esperti.

Altra attrattiva estremamente famosa è il Planetario Samuel Oschin, più di 17 milioni di persone hanno avuto la fortuna di assistere agli spettacoli del planetario più famoso al mondo.

Le proiezioni sono effettuate con la migliore strumentazione esistente, il teatro offre 290 posti e ogni spettacolo è presentato da un narratore dal vivo. Le rappresentazioni possono variare a seconda dei periodi e vengono presentati mediamente ogni ora. Sono otto dal martedì al venerdì dalle 12.45 alle 20.45 e dieci il sabato e la domenica, dalle 10.45 alle 20.45. I biglietti si possono acquistare solo presso l'osservatorio e i prezzi variano dai 3$ ai 7$. Per ulteriori informazioni è consigliato visitare il sito dell'osservatorio.

Noi vi possiamo consigliare, vista la particolare delicatezza degli spettacoli, di osservare strettamente le indicazioni previste. Ad esempio: a spettacolo iniziato non si entra e si sta in fila almeno 15/20 minuti prima dell'inizio della successiva proiezione. Insomma, sono abbastanza rigidi.

Se per caso avete visto il film "La La Land" del 2016, gli attori Ryan Gosling ed Emma Stone ballano insieme un valzer esattamente in questo posto. Potrete anche trovare un busto dedicato a James Dean, situato vicino al cortile anteriore dell'Osservatorio. Alle spalle del busto, sullo sfondo appare la scritta Hollywood. Va ricordato che nel 1955, un'importante scena del film "Gioventù bruciata" vede James Dean cimentarsi in una furiosa rissa proprio all'interno del planetario.

L'osservatorio si può raggiungere in diversi modi: in auto, con un servizio navetta, oppure con dei trenini in miniatura che attraversano il parco **Griffith Park Railroads, (4400 Crystal Springs Drive).**

Orari di servizio dalle 10.00 alle 17.00 con tariffa di 3.50$.
Naturalmente per sincerarvi di eventuali variazioni consultate il loro sito internet: **www.griffithparktrainrides.com.**

Per le auto ci sono due parcheggi: uno che si trova su West Observatory Road (dal quale è possibile raggiungere a piedi la Hollywood Sign) e l'altro si trova a Western Canyon.
La tariffa è di 4$ l'ora.
Dal lunedì al venerdì dalle 12.00 alle 22.00,
Sabato e domenica dalle 10.00 alle 22.00.

Il **DASH OBSERVATORY** è il servizio di navetta messo a disposizione dal Los Angeles Department of Transportation.
Per prendere il bus si deve raggiungere la stazione della linea rossa della Metro Vermont/ Sunset.
Gli orari del servizio sono gli stessi del parcheggio.
I bus del DASH Observatory si fermano nel piazzale antistante l'Osservatorio ogni 20/25 minuti circa.
Effettua due fermate aggiuntive a Nt. Hollywod Drive, al Greek Theatre e lungo Hillhurst Avenue, al Los Feliz Village.

Tariffa di 0,50$, (per i possessori della Metro TAP Card il prezzo è inferiore). I bambini sotto i 4 anni viaggiano gratis.
Anche in questo caso il sito internet offre informazioni molto precise e dettagliate: **www.laddotransit.com**

Per amore della conoscenza e per spirito di filantropia dobbiamo ringraziare ancora una volta il colonnello Griffith per l'esistenza di questo splendido teatro all'aperto.

Greek Teather
(2700 North Vermont Avenue)

Tra i teatri all'aperto americani, è sicuramente uno dei più belli. Edificato secondo il modello *agorà greco*, con la sua acustica eccezionale e i suoi quasi 6.000 posti di capienza, il teatro, finanziato da Griffith J. Griffith è molto gradito dagli appassionati del genere. Aperto nel 1928, presentò il primo spettacolo nel 1931. A calcare il palcoscenico sono stati artisti del calibro di Elton John, Sinatra e Bruce Springsteen.
All'interno esistono anche diversi punti di ristorazione.
Corre l'obbligo ricordare che, il Griffith Park, pur essendo un parco urbano è molto grande e piuttosto aspro e selvaggio, quindi frequentato assiduamente da serpenti, coyote, e anche da un puma. Buona escursione.

VISITE AI MUSEI

"C'è la città chiamata Los Angeles anche se nessuno riesce a vedere che cosa possa averci a che fare con gli angeli."
(Jack Kerouac)

MUSEI DEDICATI ALL'ARTE

Los Angeles, come ben sappiamo, ha una forte vocazione al divertimento. Le sue enormi spiagge, il sole che splende tutto l'anno e l'oceano sono un invito a vivere la città all'aria aperta. E non di meno l'attenzione allo sport e allo spettacolo fa di questa città una di quelle metropoli che amano primeggiare un po' in tutti i campi. Volete allora che in quello della cultura non sia così? Anche l'offerta culturale è di rilevanza mondiale.

Vediamo allora di dare qualche indicazione sui musei principali presenti in città.

Getty Center (1200 Getty Center Dr)

Ci troviamo sulle colline di Santa Monica, ma sempre nella città di Los Angeles; ai nostri piedi un panorama che porta lo sguardo fino all'Oceano e ricopre tutta la città, le ville di Bel Air sono davvero vicine. La nascita di questo centro culturale si deve all'iniziativa del celebre magnate del petrolio Jan Paul Getty, il quale essendo un grande appassionato e collezionista d'arte, ha fortemente voluto la creazione di questo complesso visitato ogni anno da migliaia di persone. All'interno di questo maestoso edificio di architettura moderna, si possono ammirare opere d'arte di artisti del calibro di: Tiziano, Rubens, Renoir, Van Gogh. Solo per citarne alcuni. Ma non solo, ospita all'interno di un campus bellissimi giardini e molteplici sculture all'aperto più ristoranti e negozi.

Al suo interno troviamo una collezione composta da: dipinti, disegni, sculture e arti decorative europee a partire dal medioevo.
Fotografie americane e internazionali del XIX e XX secolo.
Opere di scultura.
Il giardino centrale di Robert Irwin, progettato specificamente per il Getty Center.

Il tutto si trova esposto in quattro padiglioni indipendenti tra loro e nel resto dell'edificio.

Padiglione Nord
Troviamo una selezione di dipinti risalenti al 1600, diverse sculture e arti decorative medievali e rinascimentali.

Padiglione Est
Offre principalmente arte barocca del XVII° secolo, tra cui dipinti olandesi, francesi, fiamminghi e spagnoli; sculture e arti decorative italiane del 1600-1800.

Padiglione Sud
Ospita dipinti del XVIII° secolo e la gran parte della collezione di arti decorative europee del Museo.

Padiglione Ovest
Questo padiglione ospita invece sculture e arti decorative italiane dal 1700 al 1900, dipinti del XIX° secolo e il centro per le fotografie. Sono inoltre esposte sculture e arti decorative neoclassiche, romantiche e simboliste.

Sculture contemporanee e moderne sono presenti in tutto il parco.
Il Getty Center presenta all'interno del suo *campus* anche diversi giardini veramente suggestivi.

Il Central Garden
Si tratta di un'opera d'arte in continua evoluzione, progettata per cambiare con le stagioni.
Passeggiare per il giardino centrale è un'esperienza unica: un ruscello attraversa tutto il giardino fino a sbucare sopra una piazza. Il tutto tra centinaia di varietà di fiori e piante, impagabile.

Il giardino dei cactus
Originale giardino composto da diverse varietà di cactus, piante grasse e altre da clima desertico. Da qui si può osservare un eccezionale panorama di Los Angeles.

Giardino delle sculture della terrazza inferiore
Posizionato sopra il parcheggio principale nelle vicinanze della stazione del tram inferiore, presenta sculture di artisti moderni come Henry Moore.

La terrazza delle sculture di Fran e Ray Stark
Vicino al padiglione ovest del museo invece possiamo trovare opere di passaggio, dalla scultura figurativa a quella astratta. Presenti opere di René Magritte.

Fran e Ray Stark Sculpture Garden
Collegato da un percorso pedonale al Giardino Centrale, questo giardino di sculture contiene opere di artisti come Joan Miró e altri.

Periodicamente il Getty Center ospita diverse mostre d'arte che cambiano regolarmente. Si trovano dislocati al suo interno anche diversi punti di ristoro, compreso un ristorante dove pranzare o cenare previa prenotazione.
Al Getty Center si accede tramite un ascensore che dal parcheggio porta sulla collina dove è situato il museo. Se non volete arrivare in auto si possono utilizzare gli autobus che partono da diverse aree di Los Angeles.

Orari di apertura:
Il Getty Center è aperto dal martedì alla domenica dalle 10.00 alle 17.30 e il sabato dalle 10.00 alle 21.00. Resta chiuso il lunedì, il giorno del Ringraziamento, quello di Natale e il primo giorno dell'anno.
L'ingresso al museo è gratuito, il parcheggio invece, costa 15$, poi se s'intendete visitare anche la Getty Villa, (di cui abbiamo parlato nel capitolo dedicato a Malibù), nella stessa giornata si richiede il pass al punto informazioni nella Hall all'ingresso; in questo modo il parcheggio si paga una sola volta.
Maggiori informazioni nel sito internet.
www.getty.edu

Los Angeles County Museum of Art (LACMA) (5905 Wilshire Blvd)

Museo di impostazione enciclopedica, si trova a ridosso di Beverly Hills, sul Wilshire Boulevard. Inaugurato nel 1965 negli anni si è affermato come uno dei più importanti musei della costa Ovest. Suddiviso in quattro edifici, ospita opere d'arte e non solo da tutto il mondo e di diversi periodi storici, partendo dalla preistoria fino ai giorni nostri.
Ogni anno più di un milione di visitatori si reca in questo museo.
I dipartimenti che ospitano le collezioni sono divisi nel modo seguente:

Ahmanson Building
Arte moderna con opere di artisti come Picasso o Paule Klee.

Plaza/Robert Gore Rifkind Center
Al piano terra, sono ospitate le collezioni di *arti africane* e il centro di studi per l'Espressionismo tedesco.
Primo piano: Gallerie d'arte egizia, greca, romana e della Mesopotamia.
Decisamente interessante anche la collezione di arti varie dell'Europa. Sono esposte opere di maestri come Guido Reni o Tiziano. Da non perdere la collezione dedicata agli impressionisti, come Monet, Renoir e i quadri di Van Gogh.

Art of the Americas Building
In questo caso potete trovare esposte collezioni delle arti americane che spaziano dal periodo precolombiano fino ai tempi moderni.

Hammer Building
Padiglione dedicato all'oriente; ospita collezioni imponenti di arte indiana, cinese, giapponese e di altri paesi asiatici.

Sempre nel complesso del LACMA possiamo trovare il: **Broad Contemporary Art Museum**

Realizzato dal famoso architetto Renzo Piano nel 2008, ospita importanti opere d'arte contemporanea. All'ingresso del museo, la famosa Urban Light. Questa suggestiva installazione del 2008 consiste in un assemblaggio di lampioni degli anni '20 e '30. In totale 202 lampioni restaurati che si trovavano realmente nelle strade della California meridionale.

Anche qui, ci sono diversi punti di ristoro e la possibilità di fare shopping.

Prezzi
Adulti: 25$
Studenti e over 65: 21$
Minori di 17 anni: entrata gratuita.

Orario di apertura
Lunedì, martedì, giovedì dalle 11.00 alle 17.00
Venerdì dalle 11.00 alle 20.00
Sabato e domenica dalle 10.00 alle 19.00
Sempre chiuso il mercoledì, il giorno del ringraziamento e il giorno di Natale
Gli spazi esterni con arte pubblica sono gratuiti e accessibili tutti i giorni dalle 10.00 alle 22.00.

Parcheggio auto:
Pritzker Parking Garage sulla 6th St.,
Costa 16$ (8$ dopo le 19.00)
Ingresso:
Adulti: 25$

Studenti e over 65: 21$
Minori di 17 anni: entrata gratuita.

Sito internet:
www.lacma.org

MOCA (Museo d'Arte Contemporanea)

Con una collezione composta da più di 6.000 opere si colloca a ragione, tra i più importanti musei di arte contemporanea della costa ovest degli Stati Uniti e forse al mondo.
Questo museo si suddivide in due sedi: **MOCA Grand, MOCA Geffen**

MOCA Grand (250 South Grand Avenue)
Situato nella grande zona centrale di **Downtown,** non lontano dal **Walt Disney Concert Hall,** ospita attualmente la sede principale del **MOCA.** Contiene opere in esposizione permanente a partire dagli anni '40.

Ingresso generale: gratis
Mostre speciali: 18$
Bambini sotto i 12 anni: gratis
Anziani e studenti: 10$

Mostre speciali sono gratuite ogni giovedì, 17.00-20.00.
Sono presenti diversi parcheggi nelle vicinanze.

MOCA Geffen (152 North Central Avenue)

In principio era un magazzino di auto della polizia, nel distretto storico di Little Tokyo. In seguito, è stato utilizzato come spazio provvisorio per ospitare le esposizioni.
Attualmente ospita collezioni di artisti meno famosi e grazie alla sua ampiezza, sculture di grandi dimensioni.

Ingresso generale: gratis
Mostre speciali: 18$
Membri: gratis
Bambini sotto i 12 anni: gratis
Anziani e studenti: 10$
Mostre speciali sono gratuite ogni giovedì, 17.00-20.00.
Anche in questo caso si trovano diversi parcheggi nelle vicinanze.
Sono presenti alcuni punti di ristoro dove potersi rilassare.

Maggiori informazioni visitando il sito internet:
www.moca.org

THE BROAD (221 S. Grand Avenue)

Si trova a due passi dal Walt Disney Concert Hall, sempre nella zona di Downtown, in uno splendido edificio di architettura moderna. Questo museo ospita opere d'arte di artisti che hanno prodotto dal dopoguerra fino ai tempi recenti. Stiamo parlando di maestri come Andy Warhol, Basquiat, e altri. Ogni anno un milione di visitatori si reca al The Broad.
Su una superficie di 140mila metri quadrati divisa su 3 piani, più di 2.000 opere di importanza mondiale danno lustro a questo museo. Naturalmente al suo interno durante tutto l'anno vengono ospitate diverse mostre temporanee e svariati avvenimenti culturali.

Sono presenti punti di ristoro e un negozio dedicato.
Il parcheggio è disponibile sotto il museo.
Tariffa di 17$ per 3 ore con convalida del museo e 5$ per ogni 15 minuti aggiuntivi, con un massimo giornaliero di 27$.
Tariffa fissa di 17$ dopo le 17.00 nei giorni feriali e tutto il giorno nei fine settimana.

Considerando che siamo a Downtown, con la metro si arriva in zona molto facilmente. La fermata più vicina si trova al Civic Center / Grand Park Station.

Ingresso gratuito.
Per le mostre temporanee potrebbe essere presente una tariffa.

Orario

Martedì e mercoledì: dalle 11.00 alle 17.00.

Giovedì e venerdì: dalle 11.00 alle 20.00.

Sabato: dalle 10.00 alle 20.00.

Domenica: dalle 10.00 alle 18.00.

Lunedì: chiuso.

Maggiori informazioni visitando il sito internet:
www.thebroad.org

MUSEI DEDICATI ALLA SCIENZA

California Science Center (noto anche come ScienCenter) (700 Exposition Park Drive)

Museo interattivo dedicato alla scienza, situato all'interno dell'*Exposition Park*, (un enorme complesso che ospita musei di fama mondiale) tra le varie esposizioni, di rilievo lo *Space Shuttle Endeavour*. Dal nome si può capire chiaramente di cosa si tratta. Consigliato a grandi e piccini, questo museo permette di interagire con le esposizioni, stimolando soprattutto la curiosità dei più piccoli, ma anche degli adulti. Oltre alle mostre ci sono diverse attrazioni, uno spazio proiezioni IMAX e naturalmente punti di ristoro e per lo shopping.

Alcune esposizioni permanenti ospitate:

Ecosystems
In questa zona, dedicata agli ecosistemi potete trovare mostre interattive e animali vivi ed osservare come gli animali interagiscono con l'ambiente circostante.

Air and Space
Esposizione a tema aerospaziale. Potete osservare velivoli e l'interazione degli uomini con lo spazio.

Endeavour Experience
Nel padiglione Samuel Oschin si trova la famosissima navetta spaziale **Shuttle**. Un viaggio nella storia e nello spazio davvero emozionante.

Queste alcune delle attrazioni presenti:

Bicicletta sul filo
Un'esperienza unica, guidare una bici sopra un cavo e per una legge fisica non cadere.

Cliff Climb
In questo caso si scala una roccia a strapiombo, in tutta sicurezza naturalmente.
Per le attrazioni si paga una tariffa di pochi dollari.
L'ingresso al museo è generalmente gratuito, si accede tramite prenotazione, per alcune mostre è applicata una tariffa.

Orario:
Tutti i giorni dalle 10.00 alle 17.00.
Con la Metro: Expo Park, linea Expo.
In auto il parcheggio costa 12$ fino alle 17.00 e 15$ dopo le 17.00.
Sito internet:
www.californiasciencecenter.org

Il Museo di Storia Naturale
(900 Exposition Blvd)
Si tratta del più grande museo storico dell'ovest degli Stati Uniti. Al suo interno diverse mostre permanenti. Come tutti i musei di storia naturale, le esposizioni sono dedicate alla flora e alla fauna, ma non solo. Comprende un numero di collezioni con quasi 35 milioni di esemplari e manufatti risalenti addirittura a 4,5 miliardi di anni fa.

Il museo si dipana su tre piani, tra le sue mostre permanenti ci sono quelle dedicate ai dinosauri e agli *habitat* degli animali. Interessante lo zoo degli insetti e da non perdere il padiglione dedicato alle farfalle. Decisamente coinvolgente la parte dedicata alla mineralogia e alla paleontologia del Pleistocene. Ospita un teatro con proiezioni in 3D a tema. Da visitare anche i bellissimi Nature Gardens: 600 tipi di piante da tutto il mondo, uccelli e animaletti vari vi aspettano in questi splendidi giardini.

Anche in questo museo potete trovare punti di ristoro e un negozio.

Orario

Tutti i giorni dalle 09.30 alle 17.00.

Prezzo

Adulti: 14$

Ragazzi dai 13 ai 17 anni, studenti e over 62: 11$

Ragazzi dai 3 ai 12 anni: 6$

Per il padiglione delle farfalle, il parcheggio deve essere prepagato online all'acquisto del biglietto. È situato in Bill Robertson Lane, appena a sud di Exposition Boulevard. Consigliato arrivare almeno 45 minuti prima dell'orario prenotato per avere il tempo di parcheggiare e convalidare i biglietti. Il costo è di 12$.

Metro:
Expo Park, linea Expo.

Maggiori informazioni nel sito internet:
www.nhm.org

La Brea Tar Pits/Museo George C. Page (5801 Wilshire Blvd)

Si tratta di una zona museale davvero singolare, questo museo è collegato al Museo di Storia Naturale, e ha una storia a dir poco originale.
Intorno al 1769 un esploratore spagnolo scopre delle pozze di catrame createsi nel terreno in circa 40.000 anni, in principio ci fu un utilizzo minerario, ma in seguito al rinvenimento di diversi reperti fossili di notevole importanza venne quindi costruito in questa zona il museo **George C. Page.**
Attualmente ospita circa un milione di esemplari di 650 specie animali e vegetali risalenti all'Era Glaciale.
Una passeggiata nel parco permette di visitare alcuni pozzi di catrame e modelli di animali preistorici a grandezza naturale.
Tra i diversi esemplari, lo scheletro di un Mammut di nome *Zed*, quasi intatto.
Inoltre, è possibile esplorare un pozzo ancora attivo dove lavorano alcuni paleontologi. Anche in questo caso si può assistere a delle proiezioni 3D dedicate all'Era Glaciale.

Diversi punti di ristoro sono presenti nelle vicinanze e anche un negozio per lo shopping.

Orario
Tutti i giorni dalle 09.30 alle 17.00.
Prezzo
Adulti: 15$
Studenti dai 13 ai 17 anni: 12$
Bambini dai 3 ai 12 anni: 7$
Parcheggio: 15$

All'angolo tra Curson Avenue e 6th Street, direttamente dietro il museo.
Ingresso lato occidentale di Curson Avenue.
Non parcheggiate lungo Wilshire Boulevard tra le 7.00-9.00 e le 16.00-19.00 (dal lunedì al venerdì), perché vi portano via l'auto.

Metro: Expo/Vermont, linea Expo.

Informazioni più dettagliate nel sito:
www.tarpits.org

MUSICA

Grammy Museum (800 W Olympic Blvd)

In occasione del 50° anniversario dei Grammy Music Awards, una sorta di *Oscar* dove vengono premiati gli artisti nel campo della musica, venne inaugurato questo museo. Era il 2008 e da allora nelle sale di questo edificio vengono ospitate mostre di ogni tipo riguardanti gli artisti che hanno vinto dei premi Grammy. Si possono vedere abiti, strumenti musicali, manoscritti di famose canzoni e tanto altro di musicisti della grandezza di Michael Jackson o dei Beatles ad esempio.

Il museo è interattivo, comprende diverse sale dislocate in quattro piani ed un teatro con 200 posti a sedere, il Clive David Theatre.

Oltre a visitare le esposizioni è possibile provare l'esperienza di registrare una propria canzone.

Orari
Domenica e Giovedì: 10.30 – 18.30
Venerdì e Sabato: 10.00 -20.00
Chiuso Martedì

Prezzi
Adulti 15$
Dai 65 anni 13$
Dai 6 ai 17 anni 13$
Metro: Pico, linea Expo e linea blu.

Trovandovi nella zona di **Downtown** esistono nelle vicinanze diversi parcheggi.
Sito Internet:
www.grammymuseum.org

INTRATTENIMENTO

**Petersen Automotive Museum
(6060 Wilshire Blvd)**

Una incredibile collezione d'auto da levare il fiato. Probabilmente la più grande esposizione di settore al mondo.

All'interno di questo museo avrete la possibilità di fare una foto a fianco alla famosissima Delorean di "Ritorno al Futuro", o se preferite alla Batmobile che guidava Michael Keaton nel "Cavaliere Oscuro".

Troverete anche fantastiche supercar e auto da corsa.

Insomma, anche se non siete appassionati di automobilismo, rimarrete a bocca aperta ad ammirare queste autentiche opere d'arte a quattro ruote. Dimenticavo ci sono anche splendidi esemplari a due ruote. Tutto da scoprire.

Prezzi
Prepagato tramite il sito internet.
Adulti 16$
Senior (62 anni) 14$
Bambini (4 - 17 anni) 11$

Orario
Dal mercoledì alla domenica dalle 10.00 alle 17.00.
Parcheggio:
Disponibile presso il museo. Gratis per i primi 30 minuti con ingresso su Fairfax Avenue.
Dal lunedì al venerdì, dalle 6.00 alle 8.00, 21$
dal lunedì al venerdì, dalle 8.00 alle 23.00, 17$
dal sabato alla domenica, dalle 6.00 alle 23.00, 17$

Madame Tussauds (6933 Hollywood Blvd)

Si tratta di uno dei diversi musei delle cere che potete trovare in alcune capitali del mondo, come quello di Londra che fu il primo ad essere inaugurato.
Tre piani di esposizioni a tema con circa 125 riproduzioni. All'interno è possibile provare diverse esperienze, come: la camera della realtà virtuale, la camera degli orrori, o i film della Marvel in 4D oppure visitare zone tematiche dove potrete incontrare personaggi del cinema classico come King Kong, oppure i supereroi della Marvel.
Nella stanza dedicata al cinema di Hollywood, statue di cera di attori famosi come Marilyn Monroe, invece in quella dedicata alle icone pop ci sono riproduzioni di cantanti come ad esempio Madonna.

Orario
Dalle 10.00 alle 17.00
A seconda del periodo potrebbe restare aperto sino alle 22.00

Prezzi
Adulti: 19.99$
Online: 12$
Bambini tra i 3 e i 12 anni: 11.99$
Online 10$

Metro: Hollywood/Highland Station, linea rossa.

Parcheggi
Nelle strade vicine con tariffe come da parchimetro,
oppure nel parcheggio del centro Hollywood and
Highland con la tariffa massima di 17$ giornalieri.

Sito internet:
www.madametussauds.com

Ripley's Believe it or not!
(6780 Hollywood Blvd)

Quando la realtà supera la fantasia.
Il significato del nome di questo museo suona un po'
come: *"da Ripley, che ci crediate o no!"*.
Museo decisamente originale, ospita più di 300 oggetti
strani suddivisi in undici stanze tematiche.

Il tutto nasce dalla mania di Robert Leroy Ripley per le cose strambe e particolari, un caricaturista e filantropo che nel 1920 pubblicò un cartone animato intitolato allora "Champs and Chumps", un concentrato di stranezze sportive scovate dallo stesso Ripley. In seguito, venne pubblicato un libro di grandissimo successo con questi argomenti. Una vita passata a cercare oggetti strani ha portato alla nascita di ben 30 musei **"Ripley's Believe it or not!"** sparsi per il mondo. Nel museo di Los Angeles sarete accolti da un simpatico robot costruito con parti di automobile e avrete la possibilità di ammirare da vicino delle teste mozzate e rimpicciolite dei nemici della tribù sudamericana degli Shuar. Queste teste dette *tsanzas* venivano usate come trofei; un filmato vi svelerà il processo di lavorazione per ottenere una *tstanza*. Che ci crediate o no, questo e altro da Ripley's.

Orario
Tutti i giorni dalle 10.00 alle 00.00.

Prezzo
Ripley´s Odditorium:
Adulti: 26$
Dai 4 ai 15 anni: 15$
Bambini fino a 3 anni: gratis.

Ripley´s After Dark:
Biglietto standard: 20$

Metro: Hollywood, linea rossa.
Autobus: linee 212, 217, 222, 237, 312.

Parcheggio auto come per il Madame Tussauds:
Nelle strade vicine con tariffe come da parchimetro, oppure nel parcheggio del centro Hollywood and Highland con la tariffa massima di 17$ giornalieri.

Sito internet:
www.ripleys.com

STUDIOS CINEMATOGRAFICI

Ricorderemo il mondo attraverso il cinema.
(Bernardo Bertolucci)

STUDIOS CINEMATOGRAFICI

Il sogno hollywoodiano prosegue con una completa immersione in alcuni dei più famosi set cinematografici.

Una visita agli *studios* è un'esperienza coinvolgente e divertente. A Los Angeles quelli che offrono questa emozione sono diversi. Abbiamo deciso di presentarvi i più importanti: gli Universal Studios, i Paramount Picture Studios, gli studi della Warner Bros e quelli della Sony.

Vediamoli nel dettaglio:

UNIVERSAL STUDIOS
(100 Universal City Plaza, Universal City)

Situato a pochi chilometri oltre le colline di Hollywood, presenta diverse attrazioni, giostre e spettacoli ispirati a celebri produzioni come: Harry Potter o Jurassic Park, giusto per citarne alcuni. In particolare:

The World – Famous Studio Tour
Un'immersione di 60 minuti in un tour che attraversa uno studio cinematografico vero e proprio con alcune delle principali attrazioni del parco. Potrete incontrare da vicino personaggi come "lo Squalo" e sua maestà "King Kong".
E tra un'emozione e l'altra concluderete questo giro sul set di "Fast and Furious" sperimentando le veloci sensazioni dell'attrazione **Fast & Furious Supercharged.**
Naturalmente in questo tour c'è molto di più, ma perché rovinarvi la sorpresa?

The Wizarding World of Harry Potter
In questo caso abbiamo due attrazioni che ci portano all'interno del magico mondo di Harry Potter:

Harry Potter and the Forbidden Journey
Una visita all'interno di *Hoghwarts,* la scuola di magia più famosa al mondo. Avrete la possibilità di entrare nello studio di *Silente,* e anche nella sala comune di *Grifondoro.*

Flight of the Hyppogrif
Il Volo dell'Ippogrifo è un emozionante viaggio su un ottovolante attorno al castello di Hogwarts.

WaterWorld
Naturalmente si ispira al film WaterWord. Si tratta di un'entusiasmante esibizione dove a farla da padrona sono effetti pirotecnici e spettacolari, evoluzioni compiute dai campioni del mondo di *jet ski*.

Special Effects Show
Come da titolo, spettacolo di sicuro effetto, stunt-man professionisti vi sveleranno alcuni dei trucchi usati nei set cinematografici.

Universal's Animal Actors
Anche in questo caso, dal titolo traspare il tema dello show. Animali attori vi faranno divertire con esilaranti esibizioni.

Ecco un elenco di tutte le altre distrazioni attualmente presenti nel parco:
- Despicable Me Minion Mayhem
- DinoPlay
- DreamWorks Theatre Featuring Kung Fu Panda
- Fast & Furious – Supercharged
- Jurassic World
- Jurassic World - The Ride
- King Kong 360 3-D
- Revenge of the Mummy – The Ride

- Silly Swirly Fun Ride
- Super Silly Fun Land
- The Secret Life of Pets: Off the Leash
- The Simpsons Ride
- Transformer: The Ride-3D

Naturalmente sia all'interno del parco, ma anche fuori, nel centro commerciale (City Walk) che si trova prima dell'ingresso ci sono decine di punti di ristoro.

Universal city walk
Un "antipasto" di ciò che vi aspetta una volta superata la soglia del parco. Qui potete fare shopping o pranzare in uno dei tanti ristoranti.

Ci sono diversi parcheggi, in quelli ufficiali si paga al casello un biglietto standard che parte da 25$ per quello più lontano, fino a 50$ per quello a soli 5 minuti dall'ingresso. Ci sono anche parcheggi privati, dove parcheggiare costa meno, ma sono decisamente più scomodi.

Per raggiungere gli Universal Studios con la metro invece, dovete prendere i treni della Linea Rossa e scendere alla stazione Universal/ Studio City. Da quel punto una navetta gratuita vi porterà direttamente all'ingresso.
In funzione 7 giorni su 7 con un bus con frequenza di 10/25 minuti, dalle 7.00 del mattino fino a 2 ore prima della chiusura del parco.

Biglietti
Consigliabile risparmiare tempo e denaro acquistando
i biglietti on line.

1 giorno 100$
2 giorni 140$
Biglietto Universal Express 225$: ingresso standard di
1 giorno, con un accesso rapido ad ogni attrazione o
spettacolo con posto a sedere.

Per riuscire a vedere tutte le attrazioni degli Universal
Studios Hollywood ci vuole una giornata intera.

Per maggiori informazioni, vi rimando al sito internet
degli Universal Studios, che offre la possibilità di
essere visitato anche in italiano.
www.universalstudioshollywood.com

PARAMOUNT STUDIOS
(5515 Melrose Avenue)

Uno dei più antichi studi di produzione
cinematografica d'America. La Paramount ha
prodotto film come: Forrest Gump, Il Padrino, Titanic
e serie TV come Star Trek o Happy Days, giusto per
citarne alcune. Un tour all'interno di questi *Studios*
comprende una visita a set cinematografici anche con
produzioni in essere. I programmi potrebbero variare
a seconda delle diverse esigenze di ripresa.

Offre due tipi di tour: studio tour e vip tour.

Studio Tour
Visita alle produzioni cinematografiche con guida sia a piedi che in navetta. Si avrà la possibilità di esplorare set del passato e anche di produzioni attuali.

Dettagli del tour:
Tour in navetta di 2 ore, tutti i giorni.
Le visite guidate si svolgono tutti i giorni mattina o pomeriggio.
Orario: la mattina tra le 9.00 e le 11.30,
il pomeriggio dalle 12.00 alle 15.30;
I tour partono ogni 30 minuti.
Preferibile prenotare in anticipo.
Ingresso a partire dai 10 anni.

Prezzo 60$ a persona, maggiorato di 2$ se si acquista in loco.

Vip Tour
Accesso esclusivo alle aree private di produzione dello studio, come quella degli effetti sonori o quella degli archivi di oggetti di scena. Si potrà godere durante la visita di un pranzo gourmet.

Dettagli del tour:
Tour in navetta di 4 ore e mezza
Prenotazione obbligatoria
Accesso VIP agli archivi e alle strutture di produzione.
Sconto del 15% presso lo Studio Store
Foto ricordo personalizzata
Ingresso dai 10 anni in su.

Ingresso 189$
Parcheggio gratuito
Tour di mattina:
Disponibile a partire dalle 9.30, dal lunedì al venerdì
Tour pomeridiano:
Disponibile alle 13.00, dal lunedì al venerdì

Il parcheggio costa 15$ al giorno, ma è incluso col VIP Tour.
Per informazioni più dettagliate:
www.paramountsudiotour.com

WARNER BROS STUDIOS
(3400 Warner Blvd. Burbank)

Anche nel caso dei gloriosi studi della Warner Bros si tratta di un tour attraverso i set cinematografici, ma senza usufruire di un parco tematico. Prenotando una visita agli Studios della Warner si può accedere alle seguenti esperienze:

Studio tour
Una guida vi porterà sul set di film famosi come Casablanca o Batman.

Si può assistere a tutte le parti della produzione, visitare la mostra dei supereroi della DC Comics, quelli di Superman e Batman per intenderci e vedere anche un'invidiabile collezione di *batmobili*.

Biglietti:
Adulti 69$
Bambini 59$

Classic Tour

Questo tour dedicato all'età dell'oro delle produzioni Warner prevede la visita ai set di film e produzioni TV, dai primi giorni di vita fino agli anni '70.

Biglietti:
Adulti 69$
Bambini 59$

Tour Deluxe

Prevede una visita guidata di sei ore che offre oltre all'esperienza dello Studio Tour, la possibilità di assistere ad una proiezione privata della storia della Warner Bros, una colazione, un pranzo, la visita al reparto costumi e a quello degli oggetti di scena delle produzioni.

Prezzo del biglietto:
295$

Il prezzo del biglietto acquistato in loco ha una maggiorazione di 3$.

Si consiglia di arrivare 30 minuti prima dell'orario di prenotazione, che vi verrà assegnato al momento dell'acquisto on line. I tour possono variare spesso, non è consentito l'ingresso ai minori di 8 anni.

Il parcheggio all'ingresso degli Studios costa circa 12$.

Per informazioni più dettagliate vi rimandiamo al sito internet: **www.wbstudiotour.com**

SONY PICTURES STUDIOS
(10202 West Washington Boulevard, Culver City)

Il tour non prevede una visita ad un parco tematico, ma si tratta di un'immersione nei set delle produzioni televisive e cinematografiche della Sony, come per esempio: *Il mago di Oz o Spiderman*.
Offre tre tipi di tour:

Daily Tour
Dal lunedì al venerdì
Orari 9.30, 10.30, 13.30 e 14.30.
Ingresso dai 12 anni in su
I minori di 18 anni devono essere accompagnati da un adulto
Parcheggio gratuito nella struttura Overland Parking
Biglietto 50$ a persona

Coffee and conversations
Tour limitati a un massimo di 5 persone
Tour in golf cart di 2 ore
Buono sconto di 10$ per lo Studio Store
Accesso alla realtà virtuale del Sony Museum e della PlayStation
Una sosta al Coffee Bean & Tea Leaf
Foto ricordo gratuita
Tutti i giorni dalle ore 15.00
Necessaria la prenotazione
Servizio di parcheggio gratuito presso la struttura Overland
Ingresso 130$

VIP Lunch Tour
Alle 11.00 dal lunedì al venerdì.
Necessario arrivare 30 minuti prima del tour.
Tour limitati a un massimo di 5 persone
Tour di 3 ore
Accesso al Sony Museum
Pranzo di 3 portate
Foto ricordo gratuita
Servizio di parcheggio gratuito nella struttura Overland
Ingresso 175$
Necessaria la prenotazione.
Anche in questo caso per maggiori informazioni il sito internet di riferimento è il seguente:
www.sonypicturesstudiostours.com

I LUOGHI STORICI DELLA MUSICA

"Take me down to the Paradise City, where the grass is green and the girls are pretty."

(Guns N' Roses)

Questa canzone su Los Angeles è la prima scritta dalla formazione originale dei Guns N' Roses con Steven Adler, Duff McKagan, Axl Rose, Izzy Stradlin e Slash.

GRAMMY®
AWARDS

I LUOGHI STORICI DELLA MUSICA

La capitale del cinema? Los Angeles.

E della musica? Diciamo che Los Angeles ha scritto negli anni capitoli importanti anche in campo musicale. Spesso grandi artisti che non erano nativi di Los Angeles si trasferivano perché le opportunità erano tante. Il genio Frank Zappa nasce a Baltimora e muore a Los Angeles, giusto per citarne uno.

Los Angeles ha dato i natali a band estremamente affermate, a partire dai The Doors passando per i Guns N' Roses e finendo con i Red Hot Chili Peppers. A testimoniarlo non solo le tracce musicali e immortali degli artisti che hanno lavorato e lavorano nella contea di Los Angeles, ma anche alcuni luoghi culto che si trovano in città.

Possiamo dire che percorrere una piccola parte del Sunset Boulevard porta già una certa soddisfazione, perché in poche centinaia di metri si trovano alcuni fra i più importanti club del mondo che hanno ospitato concerti delle più grand rock star di sempre.

Siccome non vogliamo farci mancare niente, nel caso ci si trovi lontano dalla Sunset Strip sappiate che ci sono dei luoghi interessanti anche in altre zone della città.

Vediamo il tutto in dettaglio.

Grammy Museum
(800 W. Olympic Blvd)

2800 mq dedicati alla musica! In occasione del 50° anniversario del Grammy Award, ovvero l'Oscar della musica, nel 2008 venne inaugurato il museo. Si trova tra Olympic Boulevard e Figueroa Street a Downtown, comunque non lontano dal posto dove si tiene la cerimonia di premiazione proprio dei Grammy Awards, lo Staples Center (lo stesso palazzo dove giocano le squadre di basket dei Lakers e i Clippers).
All'interno del museo potete trovare veramente di tutto, dalle giacche di Michael Jackson ai vestiti di scena dei Daft Punk, cimeli storici della storia della musica moderna appartenuti a famosi musicisti, come: manoscritti, spartiti musicali di famosissime canzoni e strumenti musicali; il tutto in un'esposizione che si sviluppa per quattro piani disposta in maniera che il pubblico possa interagire con la stessa. Pensate che esiste una sala organizzata come un vero e proprio studio di registrazione dove potrete provare l'emozione di incidere una vostra canzone con tanto di creazione della copertina del vostro album. Non manca un teatro adibito alle esibizioni, il Clive David Theater, con 200 posti a sedere. Nella camminata antistante il museo, proprio come nella Walk Of Fame, potrete osservare posizionati nel marciapiede invece di stelle, dei dischi col nome dei vincitori dei Grammy Award. Approfittatene per una foto vicino al nome del vostro cantante preferito.

Orari
Dal lunedì al venerdì: dalle 10.30 alle 18.30.
Sabato e domenica: dalle 10.00 alle 18.30.
Martedì: chiuso.
Prezzo
Adulti: 15$
Over 65 e studenti: 13$
Giovani dai 6 ai 17 anni: 13$
Bambini fino a 5 anni: gratis.
Sito internet:
www.grammymuseum.org

Amoeba Music
(6200 Hollywood Blvd)

Il tempio della musica incisa. Il più grande negozio indipendente al mondo, dove è facile perdersi tra: vinili, CD, DVD, cassette, Blu Ray. Il primo negozio nacque a Berkeley nel 1990. Nel 1997 venne inaugurato a San Francisco uno store gigantesco di 2200mq e in seguito, nel 2001 è stato aperto lo store di Los Angeles. Naturalmente visita d'obbligo per tutti gli appassionati.

Guitar Center (7425 Sunset Blvd)

Si tratta di una famosa catena di strumenti musicali con diversi *stores* sparsi in tutta la città.

Sul Sunset Blvd il negozio principale del Guitar Center di Hollywood vanta una selezione impareggiabile delle attrezzature più moderne, audio professionali all'avanguardia, chitarre usate e vintage.
Si effettuano lezioni, si offrono servizi di riparazione e di noleggio.
La struttura recentemente rinnovata ospita anche strumenti rari e cimeli e il Guitar Center Rockwalk, in pratica potrete trovare le impronte nel cemento di famosi musicisti come quelle degli attori all'ingresso del Chinese Theater.

Spostatevi ora in quel tratto di strada noto come Sunset Strip che ha visto e sentito le gesta artistiche di alcuni dei più grandi musicisti della nostra epoca.

Whisky
(8901 W. Sunset Blvd, West Hollywood)

Ci hanno suonato alcuni dei più grandi, devo veramente farvi dei nomi? Ok: Led Zeppelin, The Doors, Jimi Hendrix, Van Halen, Ramones e gli italianissimi PFM (Premiata Forneria Marconi).
Su questo palco molte band hanno registrato dei live.
Questo locale, famoso anche come Whisky a Go Go venne fondato nel '64 dal leggendario Mario Maglieri, proprietario anche del Rainbow Theater in un posto che fu precedentemente una centrale della polizia.

Roxy Theatre
(9009 Sunset Blvd, West Hollywood)

Siamo sempre nella Sunset Strip a West Hollywod. The Roxy, Roxy Bar and Grill, Roxy Theater, insomma chiamatelo come volete il locale è sempre quello. Inaugurato nel 1973, diventa famoso per la rappresentazione del musical iconico: *Rocky Horror Picture Show*. Al Roxy hanno suonato artisti come David Bowie, Frank Zappa, Nirvana. Può bastare no? Nel caso sappiate che il piccolo bar al primo piano "On the Rox" era frequentato da John Lennon.

Rainbow Bar&Grill
(9015 Sunset Blvd West Hollywood)

Siete col naso all'aria ad ammirare l'insegna del Roxy e nella stradina alle vostre spalle arrivano tante belle auto e bella gente. Improvvisamente vi rendete conto che molte di quelle persone stanno entrando in un locale che sta esattamente a pochi metri dal Roxy, praticamente di fronte. In quel locale si può mangiare pizza gigante e birra, menu voluto dal mitico proprietario di origine italiana Mario Maglieri, il quale con la sua lungimiranza ha fatto sì che molti giovani artisti in seguito potessero diventare delle rock star. Nel mentre una band si sta preparando per un *live* e tutto quello che vedete intorno a voi vi parla dei Motorhead, compresa la statua dorata del buon Lemmy, assiduo frequentatore del locale, ma non solo, potrete trovare testimonianze di musicisti come Ozzy Osbourne, o i Led Zeppelin. Nasce nel 1972 con una festa per Elton John, John Belushi mangiò al tavolo numero 16 il suo ultimo pasto, una zuppa di lenticchie.

The Viper Room
(8852 Sunset Blvd West Hollywood)

Locale più recente tra quelli sopra citati. Aperto nel 1993 da Jonny Depp, ora appartiene al figlio del fondatore dell'Hard Rock Cafe, Harry Morton.
Ospita concerti metal, punk e rock, è frequentato spesso da celebrità di Hollywood.
Purtroppo è anche tristemente famoso perché nell'anno di apertura, l'attore River Phoenix decise di morirci con un'overdose.

Dove si trova? Vi siete lasciati alle spalle il Rainbow, poi il Roxy, poi il Whisky, ancora 30 metri, attraversate la strada e siete arrivati.

Troubadour
(9081 Santa Monica Blvd West Hollywood)

Chiudiamo la panoramica sui locali famosi dedicati alla musica spostandoci su un altro viale, il Santa Monica Boulevard.

Inaugurato nel 1957 il Troubadour diventerà negli anni forse il locale più famoso al mondo per le esibizioni live. Nasce per ospitare musicisti folk e in seguito ospiterà star del calibro di Elton John o Bruce Springsteen.

In questo locale debuttarono i Guns N' Roses e uno sconosciuto Bob Dylan si esibì in un live alla presenza del solo staff del locale. Una sera un ubriachissimo John Lennon fu cacciato dopo avere disturbato continuamente l'esibizione di un cantante. Come si dice? "Se queste mura potessero parlare...".

Non possiamo non citare un'altra location importante per tutto ciò che ha "visto" negli anni.

Andaz West Hollywood
(8401 Sunset Blvd West Hollywood)

Si tratta di un hotel situato sempre sul Sunset Boulevard. La sua posizione strategica nei confronti dei più famosi locali di Los Angeles lo porta ad essere un protagonista importante nella storia della musica in città e nel mondo. Aperto nel 1963, con le sue 239 camere era meta obbligata per il soggiorno delle grandi rock star. Da Jim Morrison ai Led Zeppelin, negli anni si sono alternati in questo storico hotel artisti definiti da molti "lanciatori di televisori". Già, pare che lanciare televisori dai balconi qui, fosse uno degli sport preferiti.

Tra i più assidui lanciatori citiamo il chitarrista dei Rolling Stones Keith Richards. La sua stanza, la famosa 1015 pare che fosse la più richiesta, ma anche la più distrutta.

Jim Morrison fu allontanato per essersi appeso all'esterno della ringhiera del balcone della sua stanza. La direzione dell'albergo non la prese bene.

Sono diversi i film che mostrano questo hotel.

Attualmente fa parte della catena Hyatt, soggiornarci è sicuramente una bella esperienza. La meravigliosa piscina riscaldata sul tetto dell'hotel vale il prezzo del soggiorno.

Naturalmente questi sono i locali storici e non solo della scena musicale rock di Los Angeles, ma vi posso assicurare che ci sono veramente un'infinità di alternative per ascoltare ogni tipo di musica, dal Jazz al Surf.

DISNEYLAND

"Se puoi sognarlo, puoi farlo. Ricorda sempre che questa intera avventura è partita da un topolino."
(Walt Disney)

DISNEYLAND
(1313 Disneyland Dr, Anaheim)

Uno dei motivi principali per cui le famiglie si recano a Los Angeles è una visita al più famoso parco divertimenti del mondo: Disneyland.

Per essere più precisi, al Disneyland Resort, che comprende due parchi divertimenti: il primo, quello originario, è il **Disney Park**, il secondo adiacente all'originale è il **Disney California Adventure**.

Iniziamo col dire che i due parchi si trovano più precisamente ad Anahcim, circa 30 miglia da Los Angeles.

Il parco Disney è adatto per i più piccini, è infatti il parco dedicato ai personaggi classici Disney tanto per intenderci, ovvero Topolino, tutti i suoi amici e principesse varie.

Il California invece offre attrazioni un po' più adrenaliniche, dedicato quindi ai ragazzini più grandicelli ma non solo, anche gli adulti torneranno bambini in questo mondo magico. Si possono incontrare i personaggi di marca Disney protagonisti di produzioni come Cars o Monster and co.

L'idea di costruire un parco divertimenti adatto a grandi e piccini venne in mente a *Walt Disney* verso gli anni '30, mentre osservava le sue figlie andare sopra una giostra situata all'interno del Griffith Park. Seduto su una panchina si domandò se fosse possibile realizzare un parco divertimenti adatto a tutte le età. Quella panchina adesso si trova all'interno del Disney Park.

La folle idea si materializzò con la creazione di un parco divertimenti nel mondo reale basato su un mondo immaginario e fantastico.

Inaugurato il 17 di luglio 1955 ha come edificio centrale quel marchio Disney che tutti ben conosciamo: *il castello della Bella Addormentata.*

Castello che immancabilmente si trova in ogni parco Disney nel mondo.

Disney Park

Il parco si divide nelle seguenti aree tematiche:

Main Street, U.S.A.

La prima "area tematica", la trovate all'ingresso di tutti i parchi Disney del mondo. Si accede passando sotto la stazione del treno Disneyland Railroad.

Passeggiando per la main street incontrerete la maggior parte dei negozi, ristoranti e punti informazione.

Adventureland

Ci troviamo nella "terra dell'avventura".

Le attrazioni sono ambientate in una giungla, il tutto trae ispirazione dal famoso film *Indiana Jones*.

New Orleans Square

Da qui in poi siamo al cospetto dei pirati.

Qui si trova l'attrazione: Pirates of the Caribbean, che richiama appunto la famosa saga cinematografica dei *Pirati dei Caraibi*. Nella stessa area la Haunted Mansion (*La casa dei fantasmi*). In questa parte si trova anche il famoso **Club 33**.

Praticamente impossibile accedervi, si tratta di un club esclusivo, l'unica zona del parco dove sono permessi gli alcolici e con una lista di attesa (ammesso che ne abbiate i requisiti) lunga 15 anni.

Si trova accanto al Ristorante Blue Bayou, al numero 33 di Royal Street.

Frontierland

I visitatori di questa zona si ritroveranno nel mondo dei cowboy e dei pionieri americani. Qui si trovano le famose Big Thunder Mountain.

Critter Country

Accanto a Frontierland, in quest'area si trova la famosa attrazione Splash Mountain. Si tratta di un percorso attraverso un mondo fantastico a bordo di una canoa a forma di tronco di legno.

Fantasyland

Ci troviamo al centro del parco, possiamo infatti trovare il *Castello della Bella Addormentata,* simbolo del parco *Disneyland,* e le famose attrazioni Peter Pan's Flight e It's a Small Word.

Mickey's Toontown

Quest'area tematica si ispira alla città dei cartoni animati vista nel film *"Chi ha incastrato Roger Rabbit".*
La potete trovare in cima alla mappa del percorso.

Tomorrowland

La città del futuro, al suo interno si trovano alcune delle attrazioni più famose: la Space Mountain o Star Tours. Quest'area è stata oggetto di ispirazione per l'omonimo film del 2014 Tomorrowland - Il Mondo di Domani.

Star Wars: Galaxy's Edge

Quest'area tematica è abbastanza recente, inaugurata il 31 maggio 2019, contiene un'intera nuova zona esplorabile, ispirata a un pianeta inedito della saga di Star Wars. Ci sono due nuove attrazioni: la prima oltre ad essere la più grande in scala mai realizzata per un parco Disney è ambientata nell'hangar di uno Star Destroyer del Nuovo Ordine; la seconda invece è ambientata nella cabina di pilotaggio del Millenium Falcon ricostruito a grandezza naturale.

Disney California Adventure

Il secondo parco del Disney Resort è stato inaugurato l'8 febbraio del 2001, si ispira alla California, ma anche ad alcune tematiche cinematografiche Pixar e Marvel.

Di seguito tutte le aree tematiche:

Buena Vista Street

All'ingresso principale del California Adventure Park, ci si ritrova nella Los Angeles degli anni '20 del secolo scorso, tutto costruito in stile Mission e Art Déco.

Pixar Pier

La Pixar Pal-A-Round di Pixar Pier.
L'area più grande è dedicata alle famose zone costiere californiane, come il molo di Santa Monica.

La "Pixar Pal-A-Round" che sovrasta questa zona, è una ruota panoramica alta 49 mt che si affaccia su Paradise Bay, un grande specchio d'acqua situato all'interno dell'area del Pixar Pier.

Paradise Gardens Park

Il Paradise Gardens Park si ispira ad un parco marittimo di epoca vittoriana.

Tra le attrazioni più interessanti troviamo: "Goofy's Sky School", montagne russe ispirate al cortometraggio animato Disney del 1949 "Pippo e l'aliante," "The Little Mermaid: Ariel's Undersea Adventure", attrazione ispirata dal cartoon "La Sirenetta" e altre.

Di notte viene eseguito Word of Color, uno spettacolo di luci e fuochi artificiali e mostra una serie di vignette tratte da numerosi film Disney e Pixar.

Grizzly Peak

Area tematica ispirata ai principali parchi nazionali della California, con particolare riferimento ai parchi nazionali di Yosemite e Redwood. Attrazione principale "Grizzly River Run", una giostra sulle rapide intorno alla vetta del Grizzly Peak. A seguire si trova il "Redwood Creek Challenge Trail", un'area giochi che include elementi di alcuni film Disney, e della Pixar.

Pacific Wharf
Area dedicata alla zona di **Monterey,** in particolare a Cannery Row specialmente come descritta nei romanzi di John Steinbeck, ricorda anche il Fisherman's Wharf di San Francisco.

Hollywood Land
Indietro nel tempo, siamo nel periodo della Hollywood anni '30.
Attrazioni principali: "Monsters, Inc. Mike & Sulley to the Rescue!" si basa sui personaggi del film Monster & Co e "Guardians of the Galaxy - Mission: Breakout!" sulla serie di film della Marvel, *Guardiani della Galassia.*

Cars Land
Questa location è la replica esatta della città di Radiator Springs dei film Cars.
Collega Pacific Wharf, Hollywood Land e A Bug's Land. E' possibile trovare tre attrazioni: la più grande è "Radiator Springs Racers". Si tratta di un percorso sfida tra automobili stile Cars tra le Montagne Rocciose.

Avengers Campus
All'inizio era un'area dedicata al personaggio del film Pixar A Bug's Life, Flik. Oggi l'area si ispira agli Avengers e ai personaggi Marvel.

Esiste poi una terza zona:
Disney Downtown, zona commerciale e di ristoro con spazi per l'intrattenimento.

Il Disneyland Resort si trova esattamente nella città di Anaheim, situata nella Contea di Orange, facente parte dell'area metropolitana di Los Angeles. Mediamente tutti gli alberghi di Los Angeles offrono dei servizi navetta per il parco, altrimenti si può raggiungere in auto. Se partite dall'aeroporto di Los Angeles dovete seguire le indicazioni per Sepulveda Blvd South e prendere la I-105E, poi proseguire per circa 26 km fino all'uscita I-605 N. In seguito, uscire alla I-5 Santa Ana FWY verso Santa Ana. Avanti per circa 20 km e poi prendere l'uscita Disneyland Dr Exit verso Ball Rd.

Il parcheggio auto vicino al parco costa 20$ al giorno. Si può raggiungere la città di Anaheim anche in treno. Dalla stazione di Los Angeles dovete prendere il Surfliner Pacific Training per Anaheim e poi prendere il bus Router 15 e scendere alla fermata Katella-Harbour Blvd. Da qui bisogna camminare per tre isolati fino all'ingresso del parco.

Gli orari di apertura vanno mediamente dalle 9.00 alle 24.00 salvo variazioni.

Fastpass

Consigliato il Fastpass, un sistema che consente di prenotare le principali attrazioni.
Sulla mappa del parco che viene fornita all'ingresso, alcune attrazioni sono contrassegnate con il logo FP. Davanti a queste attrazioni ci sono dei distributori automatici, si inserisce il biglietto d'ingresso e si ottiene un tagliando con su scritta una fascia oraria. Presentandosi all'ingresso dell'attrazione in quella fascia oraria, si potrà accedere senza fare la fila.

Mangiare all'interno del parco costa in media tra i 30$ e i 60$.

All'interno del parco è possibile pernottare nei seguenti hotel:
Disneyland Hotel
Disney's Paradise Pier Hotel
Disney's Grand Californian Hotel & Spa

I prezzi variano dai 250$ a salire.
Altri hotel si trovano comunque all'esterno, ma nelle vicinanze del parco.

Prezzi
Il costo del biglietto di ingresso, valido 1 giorno, varia da 104$ a 154$.
Il costo cambia in base al periodo e alla stagione.
Periodo media stagione: Adulti 139$ – Bambini 132$
Periodo alta stagione: Adulti 154$ – Bambini 146$
Periodo bassa stagione: Adulti 104$ – Bambini 98$

Se si vogliono visitare entrambi i parchi, cioè anche il Disney California Adventure Park, è consigliabile acquistare il ticket Park Hopper.

I bambini sotto i 3 anni non pagano.

Esistono comunque diverse offerte on line "tutto compreso" dove si può risparmiare qualche dollaro.

LOS ANGELES CON I BAMBINI

"Aule affollate e sessioni di mezza giornata sono un tragico spreco della nostra più grande risorsa nazionale: Le menti dei nostri bambini."
(Walt Disney)

LOS ANGELES CON I BAMBINI

"...Ok va bene, ma a parte Disneyland, ai bambini cosa facciamo fare?"
Non scherziamo, Los Angeles è una città assolutamente *baby friendly*.
Ci sono tantissime cose che i piccoli turisti possono fare, alcune estremamente interessanti e coinvolgenti da condividere con i propri genitori.

Disneyland
(1313 Disneyland Dr, Anaheim)

Destinazione scontata. In realtà si tratta non di uno, ma di due parchi distinti e ci vuole una giornata intera per ogni parco; il che vuol dire che i piccoli non si annoieranno e neanche i grandi. Iniziamo col dire che i due parchi, il Disneyland Park e il California Adventure Park si trovano più precisamente ad Anaheim, circa 30 miglia da Los Angeles. Il parco Disney è adatto per i più piccini, è infatti il parco tematico, quello dei personaggi classici Disney tanto per intenderci, ovvero Topolino, tutti i suoi amici e principesse varie.
Il California invece offre attrazioni un po' più adrenaliniche, sicuramente più adatto a ragazzi più grandi. Si possono incontrare i personaggi di marca Disney protagonisti di produzioni come Cars o Monster and co.

C'è così tanto da dire su questo argomento che vi rimandiamo al capitolo dedicato.

California Science Center (700 Exposition Park Drive)

Un museo.
Sì, avete letto bene, un museo, il California Science Center di Los Angeles.
Il museo è gratuito e ci si può cimentare in varie attività.
400.000 metri quadrati dedicati alla scienza, suddivisi in 4 aree espositive: *Word of Life*, dedicato a ogni forma di vita, *Creative Word*, dedicato alla tecnologia, *Ecosistemi*, con più di 400 specie di esemplari di animale e piante e le *Discovery Room* per i bimbi, dove possono provare piccoli esperimenti.
Al suo interno un cinema, il teatro IMAX (a pagamento) e l'Endeavour, semplicemente l'ultimo space Shuttle mandato in orbita. Interessante no?

Ingresso: generalmente gratuito, si accede tramite prenotazione, per alcune mostre è applicata una tariffa.

Orario
Tutti i giorni dalle 10.00 alle 17.00.
Con la Metro: Expo Park, linea Expo.
In auto il parcheggio costa 12$ fino alle 17.00 e 15$ dopo le 17.00.

Natural History Museum (900 W, Exposition Blvd)

Un altro museo!

Certo, ne vale veramente la pena.

Il Natural History Museum è il museo di storia naturale più grande degli Stati Uniti, ci racconta con i suoi reperti 4miliardi e mezzo di anni di storia del pianeta. Sì ma i bambini? Qui ci sono i dinosauri cari genitori, chissà che faccia faranno i piccoli davanti ad un enorme T Rex.

Orario

Tutti i giorni dalle 09.30 alle 17.00.

Prezzo

Adulti: 14$

Ragazzi dai 13 ai 17 anni, studenti e over 62: 11$

Ragazzi dai 3 ai 12 anni: 6$

Il parcheggio deve essere prepagato online all'acquisto del biglietto.

Si trova in Bill Robertson Lane, appena a sud di Exposition Boulevard.

Il costo è di 12$.

Los Angeles Zoo and Botanic Garden (5333 Zoo Drive)

Più di 1100 animali, dei quali, 29 specie in via di estinzione. 7.500 sono invece le diverse categorie di piante.

Famoso per l'habitat dedicato agli scimpanzé, uno dei migliori al mondo. Si trova all'interno del Griffith Park.

Orario: 10.00 - 17.00
Ingresso 20$
Prenotazione obbligatoria
Lo zoo è chiuso il giorno del Ringraziamento e il 25 dicembre.

Aquarium of the Pacific (100 Aquarium Way, Long Beach)

Siamo a Long Beach. Acquario di livello mondiale, con tre gallerie principali. 11.000 animali oceanici di circa 500 specie. Dai pinguini di Magellano a tutto ciò che nuota nell'Oceano Pacifico.
Sharks? Probabile, molto probabile.

Dal lunedì al venerdì
dalle 9.00 alle 18.00
Sabato e la domenica
dalle 9.00 alle 20.00
Aperto tutti i giorni dell'anno, eccetto il giorno di Natale.

Ingresso a partire dai 27$ fino a 60$ a seconda di cosa si vuole vedere.

Il Santa Monica Pier
(200 Santa Monica Pier, Santa Monica)

Oltre ad avere sotto di sé una enorme spiaggia dove i bambini possono divertirsi, ospita un Luna Park con una fantastica ruota panoramica che si potrebbe definire il simbolo di Santa Monica.

Griffith Observatory
(2800 E Observatory Rd)

Portare i bambini ad osservare le stelle. Naturalmente al **Griffith Observatory**. Potete vedere da vicino la scritta **Hollywood,** la sera osservare le stelle e durante il giorno visitare il suo planetario.
I bambini vi adoreranno per questa scelta.

Knott's Berry Farm
(8039 Beach Blvd, Buena Park)

Un parco a tema tanto caro agli americani. Situato a Buena Park, vanta quasi 170 attrazioni.
Nasce nel 1920 e viene visitato ogni anno da circa 6 milioni di turisti. Quattro le aree tematiche:
- Città fantasma
- Fiesta Village
- The Boardwalk
- Camo Snoopy

Orari variabili.
Biglietti con diverse combinazioni, dai 49$ ai 120$.

Mother's Beach
(4101 Admiralty Way Marina del Rey)

Una giornata in una delle spiagge più adatte per i bambini. Mother's Beach, si trova a sud di Venice, più precisamente a Marina del Ray.
Qui l'acqua è sempre calma, poco affollata e nelle vicinanze c'è un bellissimo parco giochi.

E per finire...
Una coca, patatine fritte e un hamburger, del resto siete in America, per una volta si può fare. I ragazzini apprezzeranno.

MANGIARE A LOS ANGELES

"La mia mamma diceva sempre che la vita è come una scatola di cioccolatini... non sai mai quello che ti capita!"
(Forrest Gump)

MANGIARE A LOS ANGELES

"Oh my God! Il solo pensiero di stare senza spaghetti per più di una settimana mi fa star male"
Ehm, no, diciamo che trovare cibo decente a Los Angeles è l'ultimo dei problemi. Potrete mangiare a qualsiasi ora e qualsiasi cosa. Se poi non avete paura di spendere, vi assicuro che troverete anche una pizza degna di Ciro, il vostro fidato amico pizzaiolo.
Non si può fare una classifica del miglior ristorante o fast food, la tipologia di cibo è talmente vasta e varia che sarebbe impossibile. Vediamo di esplorare un cosa offre la città senza darci un ordine preciso, ma buttandoci nel caos californiano.

Kotoya Ramen (10422 National Blvd)

Cibo Giapponese, ma non per forza sushi.
Il Ramen è un piatto tipico della cucina giapponese seppur di origine cinese, una sorta di tagliatella in brodo di carne o pesce. Ogni regione del Giappone ne ha una propria versione.
Ristorante molto piccolo ma ottima atmosfera.

Bao Dim Sum (8256 Beverly Blvd)

Anche se non è un giorno di festa, un buon motivo per visitare Bao Dim Sum si trova. In Cina il Dim Sum è un cibo tipico della zona meridionale.

Si tratta di piccole porzioni di diversi tipi di cibo che spesso i cinesi amano consumare in occasioni appunto di festa. I piatti variano dal pesce alla carne, dalla frutta al dessert. Da Bao si può fare un'ottima esperienza per conoscere questa tipologia di cibo.

Sprinklers cupcakes ATM (9635 S Santa Monica Blvd, Beverly Hills)

Di cosa stiamo parlando? Di prelevare dei cupcakes dal bancomat. Sì, non sto scherzando, da un bancomat... sono piuttosto cari, ma anche molto buoni. *This is America!*

Pink (709 N La Brea Ave)

Hot dog al chiosco, cosa vi aspettavate? Pochi turisti, molta gente del posto, qualche VIP. Insomma, il chiosco di Hot Dog più famoso di Los Angeles. Preparatevi a fare una lunga coda, ma una volta che arriva il vostro turno gusterete una vera prelibatezza tutta made in USA.

Rosaline (8479 Melrose Ave)

Molto ben frequentato, il Rosaline è un ristorante peruviano spazioso e luminoso. Ottima cucina latino-americana.
Buonissima la paella da accompagnare con deliziosi liquori e cocktail al Pisco.

Mama Shelter (6500 Selma Ave)

Vale la pena solo per la location, un enorme patio su un tetto. Che cosa è Mama? Un albergo? Un ristorante? Un cocktail bar? Un fantastico rooftop, puoi giocare a biliardino, guardare un film all'aperto o sonnecchiare disteso su un divano nella grande area relax.
I cocktail sono davvero buoni.

Nozawa Bar (212 N Canon DR, Beverly Hills)

Prezzi in linea con un vero ristorante giapponese, ovvero caro, ma tra il sushi vero e quello cino-sushi passa tutto il pesce dell'Oceano Pacifico. Stile sobrio ed essenziale, materie prime di grandissima qualità. In Menu: meduse giapponesi, Santa Barbara Uni Nigiri, Polipo vivo giapponese, tonno rosso, albacora spagnolo (con Wakame giapponese), e altro ancora, insomma uno dei migliori ristoranti sushi di Los Angeles, senza tema di smentita.

Capriotti's Sandwich Shop
(5495 Sepulveda Blvd, Culver City)

Cosa fa Capriotti? Fa i panini. Si tratta di una catena di fast food in franchising dove tu ordini il tuo panino, loro lo preparano te lo incartano e tu decidi se consumarlo sul posto o portarlo a casa. Uno su tutti? Il panino con le polpette al sugo. Indimenticabile.

Attenzione, perché esistono tre taglie di panino: piccolo, medio e grande. E diciamo che già il piccolo è grande.

Kang Hodong Baekjeong (3465 W 6th St)

Barbecue sì, ma coreano.
Cucina asiatica di ottima fattura. Ti siedi e al centro del tuo tavolo c'è un grill girevole, tutto intorno salse e salsine, e cose varie che non sai bene che roba è e a che cosa serva. Poi arriva il cameriere, accende il fuoco del tuo grill e ti fa scegliere la carne, intanto ti consiglia come e cosa fare di tutte quelle ciotoline che hai sul tavolo. Quando la fiamma raggiunge la temperatura desiderata, il cameriere ti cucina la carne sul barbecue "in diretta", appena pronta la tagliuzza tutta e ti dice con quale salsa accompagnarla.
Wow direi!

Versailles (1435 S La Cienega Blvd)

"Empanadas di pollo, manzo o spinaci. Tamales di mais fatti in casa ripieni di maiale magro conditi con salsa all'aglio e cipolle. Croquetas De Jamon. Chicken Wings marinato nel nostro famoso mojo all'aglio, servito con la nostra salsa di crema di coriandolo fatta in casa. Piastra Sampler Ejemplos De Versailles."
Questa non era altro che una parte del menu del famoso ristorante cubano Versailles.

Cabo Cantina
(30 Washington Boulevard Marina Del Rey)

Per prima cosa un margarita gigante con una cerveza Corona che si svuota dentro, poi potete ordinare tutte le fajitas o tortillas o tacos che volete, vi assicuro che la salivazione aumenta e il vostro palato rimarrà soddisfatto.

Yamashiro Hollywood
(1999 N.Sycamore Ave Hollywood)

Conosciuto anche come Villa Bernheimer e giardini orientali. All'interno di una bellissima villa del 1911 in stile giapponese si trova questo ristorante orientale. Situato in un'area definita di interesse storico. Al suo interno sono state girate scene di diversi film famosi. Gode di un panorama mozzafiato sulla città di Los Angeles, si può cenare all'aperto o sorseggiare un drink a bordo piscina nel giardino. Non è proprio economico però, si mangia bene e la vista è emozionante.

CUCINA ITALIANA

Il Pastaio (400 N Canon Dr, Beverly Hills)

"Ristorante italiano di lusso di proprietà del famoso chef Giacomino Drago, con patio e clientela famosa".
Che ve lo dico a fare?
Dalla Sicilia a Beverly Hills con furore. Sono ormai 25 anni che i fratelli Drago sfamano le celebrità di Hollywood. Credetemi, mentre state gustando un buon piatto di spaghetti potrebbe arrivare Al Pacino, abbiamo testimonianze.

N° Ten Los Angeles (8436 W 3rd St)

Sapete bene che i numeri 10 famosi in Italia non sono realmente al numero dieci di una classifica, ma spesso sono degli autentici numeri uno. E in questo caso il nostro "top player" si chiama Alessandro Del Piero. Questo è il suo ristorante, ottima cucina italiana.
Dal lunedì al venerdì, dalle 17.00 alle 19.00 "happy hour aperitivo" nell'area Bar and Lounge.

Prince of Venice (1091 Broxton Avenue)

Pasta e pizza, ma non solo.
Ristorante con possibilità di asporto, ma se volete accomodarvi siete i benvenuti, potrete gustare ottime arancine servite al tavolo in una corte accogliente dal sapore decisamente europeo.

Dimenticavo, il proprietario è spesso presente, forse l'avete sentito nominare: un certo Emanuele Filiberto di Savoia.

Antica Pizzeria da Michele (1534 N McCadden Place)

Pizza napoletana con ingredienti di qualità importati dall'Italia. Vi posso assicurare che questa è una delle migliori pizzerie degli USA, ma non solo, penso che anche in Italia molte pizzerie gradirebbero sfornare pizze così.

Carasau Ristorante (3918 Van Buren Pl, Culver City, CA 90232)

Chiudiamo con un omaggio alla cucina regionale della splendida terra di Sardegna, un po' per campanilismo e un po' perché il ristorante in questione merita davvero, sia per la qualità dei suoi piatti e sia per non avere snaturato le ricette della tradizione a favore del gusto americano.

Lo chef del Carasau, Vincenzo Porcu, con i suoi "culurgiones", le sue "seadas" e altri piatti tipici della cucina sarda vi riporterà per un po' nel cuore del Mediterraneo facendovi dimenticare di essere in California.

Teniamo a precisare che comunque, in qualsiasi posto della città vi troviate, esistono posti di ristoro per tutti i gusti e tutte le tasche.

Non ce ne vogliate se troverete qualcosa di diverso da quello che vi abbiamo descritto di questi ristoranti, ma la vicenda covid è un continuo divenire e potrebbe avere influito sul destino di alcuni di essi, noi speriamo di no.

ZONE CONSIGLIATE DOVE ALLOGGIARE

"A Los Angeles, tutte le corsie sono corsie veloci."
(Chris Erskine)

ZONE CONSIGLIATE DOVE ALLOGGIARE

Abbiamo deciso di non consigliarvi nessun albergo in particolare, certo, curiosando tra i vari capitoli della guida ne troverete, ma soprattutto per le loro particolarità, niente vi vieta comunque di prenotare una stanza in uno di questi.

Abbiamo preferito soffermarci sulle zone dove sarebbe meglio prenotare il vostro alloggio.

Per quale motivo questa scelta? Presto detto. Ormai l'offerta disponibile tramite internet è talmente ampia, che consultando qualsiasi motore di ricerca vi verranno proposti molteplici siti dove avrete la possibilità di trovare sicuramente la formula che più si adatta alle vostre esigenze e al vostro budget, sia che desideriate prenotare un appartamento, una stanza in un lussuoso albergo o magari dormire in un ostello, spesso approfittando di vantaggiose offerte o promozioni che vi permettono di risparmiare qualcosa, il che non è mai una cosa negativa.

Vediamo dunque in quali zone e quartieri conviene dormire.

Hollywood

Hollywood è chiaramente insieme a Beverly Hills la zona più famosa di Los Angeles, va da sé che i prezzi non siano bassi, naturale legge di mercato: alta la richiesta alto il prezzo. Però alloggiando da queste parti sarete molto vicini alle principali attrazioni cittadine: Universal Studios, il Chinese Theater, la Walk of fame, El Capitan, il Griffith Park.

La zona ovviamente è anche molto ben collegata e vi permette di spostarvi comodamente verso le altre zone della città o verso la spiaggia.

West Hollywood

West Hollywood, ottima zona, si trova tra Hollywood e Beverly Hills, l'arteria principale è Sunset Blvd, residenziale, ma non mancano negozi alla moda e locali molto interessanti. Consigliata ad un pubblico giovane che preferisce divertirsi con eleganza e lontano dalla bolgia turistica del vicino quartiere di Hollywood. Altre opportunità di alloggio sono disponibili anche su Santa Monica Blvd, centro della comunità LGBT di Los Angeles. Resta una zona ben servita dalla rete di autobus con linee express che portano in città e a Santa Monica.

Culver City

Sempre nella contea di Los Angeles, Culver City è una città con una posizione interessante per gli spostamenti. Gode di una rete di autobus interna, ma è comunque ben collegata sia all'aeroporto che dista 11km a sud della città, sia ai principali quartieri di Los Angeles. Culver City è un po' il centro della storia della produzione cinematografica, vi si trovano alcuni fra i più importanti studios. Caratterizzata da una interessante vita notturna, ottima offerta di ristoranti e pub, non lontana dal mare offre un buon rapporto qualità prezzo per gli alloggi.

Beverly Grove

Beverly Grove si trova a sud di West Hollywood, confinante con la ben più famosa e cara Beverly Hills. È una zona ottima, ben servita da numerose linee di autobus che collegano questo quartiere con il centro, Hollywood e le spiagge della costa. Offre una ampia varietà di negozi e ristoranti che possono soddisfare tutte le tasche.

Downtown

Downtown è consigliato alle famiglie e a chi vuole riposare in un quartiere tranquillo (si fa per dire). Infatti è il cuore economico e finanziario della città, dei lavoratori, pieno di gente di giorno.

Nei paraggi lo Staples Center, quindi se siete appassionati di basket siete nel luogo ideale e comunque in questo quartiere potete trovare molto altro. La sera tende a svuotarsi e vista la vicinanza col quartiere di Skid Row girare a piedi può essere un tantino pericoloso, ma sicuramente in questa zona si nascondono alcuni dei più affascinanti locali della città, senza contare che un drink a bordo piscina sul tetto di un grattacielo è un'esperienza impagabile. Downtown è spesso scelta dalle famiglie anche perché ben collegata con Disneyland, ci si può arrivare tramite autobus express, oppure dalla linea rossa della metro, vicina a tutti gli alberghi si raggiunge Union Station, da lì prendete il treno per Anaheim e siete a Disneyland. In questo quartiere potrete trovare ogni tipo di alloggio, dall'Hotel di lusso al B&b economico.

Beverly Hills

Se volete dormire a Beverly Hills già potete immaginare la spesa, ma in compenso sarete negli stessi alberghi scelti dai VIP, se sarete fortunati, potrete anche incontrarne qualcuno.
Nel caso decidiate di alloggiare a Beverly Hills. è consigliato il noleggio di un'auto, oppure utilizzare Uber.

Pasadena

Pasadena è una piccola località appena fuori da Los Angeles, ottima soluzione per risparmiare, non offre particolari attrazioni, ma sicuramente permette di trovare alloggi economici. Ben collegata con Los Angeles, vi basterà prendere un autobus e raggiungerete il centro in 30-40 minuti.

Santa Monica, Venice Beach e Malibù

In particolare, la zona del lungomare è piena di hotel, ristoranti e locali serali che animano decisamente la cittadina.

In generale si respira un'atmosfera tranquilla, tipica delle località balneari, molto rilassante. Nonostante i prezzi abbastanza elevati, può rappresentare un'ottima zona in cui alloggiare anche dal punto di vista della sicurezza. Va detto però che nonostante ci siano buoni collegamenti ci vuole quasi un'ora per arrivare al centro di L.A.

Venice è una zona meno sofisticata rispetto a Santa Monica. Decisamente pittoresca e di sera potrebbe apparire anche un po' pericolosa.

Malibù è decisamente la tipica zona balneare californiana. Zona perfetta per fare jogging, surf o semplicemente prendere il sole in tutta tranquillità.

Orange County – Disneyland

Per molti turisti Orange County significa solo una cosa: Disneyland. Infatti, Disneyland non si trova a Los Angeles, ma ad Anaheim, nella vicina Orange County. Se il vostro principale scopo fosse quello di visitare il parco dei divertimenti con la famiglia, allora potreste decidere di alloggiare direttamente all'interno di Disneyland oppure nelle località limitrofe.

VITA NOTTURNA

"Ero contraria al matrimonio perché mi sembrava spegnesse la coppia, ma dopo aver visto a Los Angeles tanti giovani sposati che continuano a divertirsi e a fare la vita da ragazzi, ho cambiato idea."
(Chiara Ferragni)

VITA NOTTURNA

Come potete facilmente immaginare, in una città così vasta come Los Angeles è veramente un'impresa consigliare dei posti da frequentare la sera per bere un drink, magari ascoltando bella musica dal vivo, oppure fare tardi agitandovi sotto la spinta di un valido Dj Set sul tetto di Los Angeles. Nell'immensa proposta di bar, club o discoteche che offre la città, vogliamo provare a consigliarvi qualche locale che a noi è piaciuto in modo particolare e che abbiamo ritenuto interessante. Qualcuno di voi potrà notare che tra questi non sono citati i locali storici come il Troubadour o il Roxy bar. Se avete letto il capitolo dedicato alla scena musicale losangelina sapete già dove trovarli.

Iniziate dai *Rooftop*, bar posizionati sulla sommità di un palazzo, caratterizzati solitamente da invidiabili punti di vista panoramici sulla città o sull'Oceano. Spesso offrono la possibilità di sorseggiare un drink a bordo piscina ascoltando la musica di un Dj con tutta la città ai piedi. Il primo locale che vogliamo presentarvi si trova nel cuore della città, partiamo da qua.

Perch (488 S. Hill Street)

Vi trovate nel cuore della città appunto, per la precisione a Downtown e siamo sul tetto del Pershing Square Building, se abbassate lo sguardo, sotto di voi potete ammirare l'avveniristica piazza Pershing Square. Luogo davvero raffinato, dove si può fare un brunch, una cena o un aperitivo.

Bar estremamente fornito di bevande di qualità. Potrete consumare il vostro drink o la vostra cena scegliendo tra diverse sale di ispirazione francese, dove, a seconda del vostro desiderio, avrete la possibilità di degustare un prezioso armagnac su un comodo divanetto nel bistrot all'interno, oppure uscire all'aperto nella zona lounge e osservare lo skyline di Los Angeles a 350 gradi con un fresco cocktail in mano. Non manca la musica dal vivo sotto le stelle, circondati da diversi grattacieli che comunque non nascondono il panorama.

Per cenare si deve prenotare.

Per il dress code il sito del Perch recita così:

"Il nostro codice di abbigliamento è casual di lusso. Non è consentito indossare abbigliamento da palestra, abbigliamento da spiaggia, canotte, cappellini da baseball o infradito dopo le 16.00".

Chiaro no?

Orari
Brunch del fine settimana 10.00 – 16.00
Ora dell'aperitivo nei giorni feriali 16.00 – 18.00
Servizio cena 17.00 – 23.00
Lunedì-Mercoledì 17.00 – 1.00
Giovedì-Venerdì 17.00 – 1.00
Sabato 10.00 – 1.00
Domenica 10.00 – 1.00

Spire 73 (900 Wilshire Blvd)

Una vista che domina la città.
Situato in un ambiente coinvolgente, caldo e accogliente, con un bancone bar enorme e posti a sedere comodissimi ed originali.
In una lunga serie di suggestivi focolari brillano luccicanti fiammelle che aiutano a riscaldare l'atmosfera. Sorseggerete il vostro drink preferito al 73° piano dell' **InterContinental Los Angeles Downtown**.
Questo rooftop si vanta di essere uno dei bar più alti al mondo. In effetti quello che si vede da quassù riempie davvero lo sguardo. Molto vario e interessante il menù. Ampia e di qualità anche l'offerta delle bevande. Nel caso abbiate intenzione di cenare è opportuno prenotare un tavolo e vestirsi in modo non impegnativo, ma comunque elegante. Non è il locale meno costoso della città, però insomma, si vive una volta sola.
Aperto tutti i giorni dalle 17.00 a mezzanotte.

Skybar
(8440 Sunset Blvd West Hollywood)

Si tratta di uno dei più famosi bar in terrazza di Los Angeles. Situato sul tetto del celebre hotel Mondrian vanta una vista panoramica davvero invidiabile, ma non solo, è molto ben frequentato, ed è facile incontrare qualche vip. Di giorno si può prendere il sole e al tramonto, fare un aperitivo sul bordo di una fantastica piscina, accompagnati magari dalla musica di qualche famoso Dj. Per cena sarebbe gradita la prenotazione. Nel caso siate interessati vi sconsiglio caldamente di andarci con infradito e pantaloncini corti.
Aperto dal venerdì alla domenica dalle 14.00 alle 20.00.

High Rooftop Lounge
(1967 Pacific Avenue, Venice, L.A.)

Situato sul tetto dell'Hotel Ervin è il posto ideale per godere di un fantastico tramonto sull'Oceano e sulla spiaggia di Venice. Avrete la possibilità di sorseggiare cocktail originali accompagnati da una piacevole e rilassante atmosfera lounge. Nel caso abbiate anche un po' di languorino la chef Ashey Truman saprà come accontentarvi con i suoi ottimi manicaretti. La sera, oltre alle pregiate birre e i cocktail sarà la musica del Dj a tenervi compagnia.

Se volete usufruire di una zona esclusiva per voi ed i vostri amici dovete prenotare il tavolo con un costo che varia dai 30$ per l'igloo ai 50$ se volete una postazione premium. Il tutto per gruppi di minimo 4 persone. Dress Code estivo, (senza esagerare, non andateci in costume da bagno) del resto siete a Venice Beach.

Aperto attualmente con i seguenti orari:
Mercoledì 16.00 – 22.00
Giovedì e Venerdì 15.00 – 22.00
Sabato e Domenica 11.00 – 22.00

The Edison
(108 West 2nd Street, Suite #101)

Posso sbilanciarmi nel dire che si tratta di uno dei più affascinanti nightclub del mondo?
Sì, mi sbilancio. La sana follia di alcuni imprenditori ha salvato questo edificio un tempo abbandonato e in rovina trasformandolo in un bellissimo locale dove sorseggiare qualche cocktail raffinato, o mangiare qualcosa magari ascoltando un po' di musica dal vivo. Ci troviamo a Downtown, e più precisamente nel seminterrato dello storico edificio Higgins Building. Un tempo qui, era situata la sede della prima centrale elettrica di Los Angeles, non per niente il locale si chiama "Edison". Infatti, gironzolando per il locale avrete la possibilità di osservare alcuni macchinari originali dell'epoca che fanno parte dell'arredamento.

Lo stile generale è un azzeccato mix tra l'architettura industriale e Art Decò. Alle pareti alcuni schermi con proiezioni di film del cinema muto vi caleranno in piena atmosfera degli anni 20' del novecento. Il locale è veramente grande, all'ingresso c'è una stanza fumatori dove potrete fumare accomodati sopra delle meravigliose poltrone di altri tempi. Si accede al piano di sotto scendendo per una imponente scalinata, vi troverete davanti un bellissimo bancone bar.

All'ingresso, sarete accolti da personale gentile ed attento. L'Edison non è di certo economico e se si vuole cenare il servizio ai tavoli costa un po', però si può fare un happy hour senza grossi problemi. Per quanto riguarda l'abbigliamento all'Edison dicono così:

"Il nostro codice di abbigliamento viene applicato ogni sera dopo le 21.00 in tutte le aree come specificato di seguito: Ci sforziamo sempre di accogliere più rapidamente coloro il cui stile e immaginazione abbracciano l'ambiente fantastico dell'Edison poiché è nostra intenzione fornire un'esperienza eccezionale ed elevata per gli ospiti in linea con il tema dello spazio.

Ti chiediamo di astenersi dall'indossare quanto segue: abbigliamento sportivo (inclusi zaini, pantaloncini, magliette, felpe con cappuccio, cappellini) e infradito o sandali; magliette a maniche corte; e jeans eccessivamente strappati o larghi."

Aperto dal mercoledì al sabato.

Happy Hour dalle 17.00 alle 19.00 dal mercoledì al venerdì.
Il mercoledì serata jazz dalle 19.00.

Clifton's Republic (648 South Broadway)

La prima volta che metterete piede al Clifton perderete almeno una mezz'ora per esplorarlo tutto, perché ogni ambiente è diverso e presenta cose affascinanti. Aperto nel 1935 come *Clifton's Cafeteria* ha attraversato negli anni diverse vicissitudini, per arrivare allo stato attuale di nightclub col nome di Clifton's Republic.

All'ingresso sarete accolti dalla caffetteria, una grande offerta di dolci e altre cose sfiziose. Delle scale, vi condurranno al secondo piano, vi troverete al cospetto di un ampio atrio con al centro una sequoia (finta) alta 12 metri. Questa è la zona del Monarch Bar, intorno a voi tanto legno, come le sedute di quercia, ma non solo, anche comode poltrone di pelle. Calda atmosfera retrò con diversi elementi che ricordano un bosco californiano. Parte da questa sala l'esperienza del Clifton's, fatta di avventura e viaggi. Al terzo piano, all'interno del Clifton's Cathedral Grove si trova il Gothic Bar, la sala si ispira ad una foresta di sequoie, come se fosse una cattedrale di alberi.

Pensate che una sequoia gigante è stata utilizzata per costruire l'intero piano del bar.

Frequentato da alcuni pionieri della fantascienza letteraria degli anni 30' il Gothic bar, è stato ricavato da un altare del XIX° secolo. Al suo interno si trova un meteorite.

Sempre a questo livello c'è una suggestiva sala dedicata ad originali spettacoli live, dove ritrovarsi per ballare tra persone elegantemente vestite come negli anni 30', si tratta della Brookdale Ballroom.

Salendo al quarto piano, nascosta da una porta a specchio si trova la sala Tiki, con chiara ispirazione alle isole del Pacifico, al centro della sala di fronte al bar una splendida barca Chris Craft ospita il Dj. Anche in questo contesto non è raro assistere a performance di musica dal vivo.

In questa sala si può anche mangiare qualcosa: *"Arroccato in alto nella chioma della foresta si trova il Tree Tops, un'esperienza di cocktail e cene di classe mondiale dedicata all'eccellenza e alla celebrazione della natura attraverso Fine Foods & Spirits."*

Devo essere sincero, non ho descritto proprio tutto ciò che potrete vedere, vi posso assicurare che aggirandovi nelle sale e i corridoi del locale troverete molto di più. Da non perdere.

Il Clifton's Republic si trova nel cuore della città, nella zona di Downtown. Per quanto riguarda l'ingresso e l' abbigliamento vale esattamente quanto detto per l'Edison.

Orari
Giovedì 18.00 – 02.00
Venerdì 11.00 – 02.00
Sabato 11.00 – 02.00
Domenica 10.00 – 18.00

No vacancy (1727 N Hudson Ave)

La prima volta che ho messo piede al No Vacancy vi confesso che per venti minuti non riuscivo bene a capire dove fossi capitato. E vi garantisco che sarà così anche per voi.

Cosa troverete all'interno? Tanta bella gente, tanta bella musica, suonata sia dal vivo sia da ottimi Dj, buonissimi cocktail preparati da eccezionali barman in un ambiente caldo ed accogliente. Il tutto situato in un vecchio palazzo dall'architettura in stile Vittoriano costruito nel 1903. Probabilmente il No Vacancy è il locale che meglio rappresenta lo spirito dei bar nascosti (speakeasy) del periodo del proibizionismo, presenti a Los Angeles. Infatti, niente rivela che in quel posto si trova un club dove andare a bere un buon bourbon, tranne la presenza di un omone che per farvi accedere cortesemente vi chiederà i documenti. E poi... ecco davvero non posso dirvi altro, perché l'ingresso al locale è tutto un programma, lo ricorderete fidatevi.

Dress code: vestitevi benino, camicia, pantaloni lunghi e niente infradito.

Aperto dal martedì alla domenica dalle 20.00 alle 02.00.

Frolic Room (6245 Hollywood Blvd)

Bar storico di Hollywood. Si trova accanto al Pantages Theater, non troppo grande, non troppo caro, ma molto trafficato durante gli spettacoli del vicino teatro. Famoso per i suoi popcorn, ma anche per tanto altro. Aperto nel 1930, in pieno periodo del proibizionismo come speakeasy, darà da bere agli assettati in maniera illegale fino al 1934. Continuerà ad essere uno dei punti di riferimento delle star di Hollywood da allora fino ai giorni nostri. Charles Bukowsky era un assiduo frequentatore del locale come anche Frank Sinatra. Famoso anche per alcuni casi di cronaca nera che lo hanno visto protagonista: un presunto misterioso omicidio e l'apparizione nel locale, la sera prima del suo assassinio, di Elizabeth Short, tristemente nota sua malgrado come Black Dalia. Un famosissimo caso di cronaca nera che nel 1947 ha sconvolto tutta Los Angeles e dal quale è stato tratto anche un famoso film, appunto Black Dalia. Alcune scene di questo film sono state girate al Frolic. Se per caso avete visto il film L.A. Confidential forse ricorderete Kevin Spacey aggirarsi da queste parti. Direi che mentre siete intenti ad osservare le stelline sulla Walk of Fame non sarebbe male fermarsi di fronte all'entrata del Frolic almeno per un selfie.
Aperto tutti i giorni dalle 11.00 alle 02.00.

Questo era solo un piccolo assaggio di quanto può offrire questa città da questo punto di vista. Vi consigliamo di controllare i relativi siti internet per non incappare in variazioni di orario o addirittura in chiusure, cosa che di questi tempi non è affatto rara. Vi consigliamo anche di portare sempre con voi un documento di identità, perché se nel locale si somministrano alcolici, dovete dimostrare di aver compiuto 21 anni. Lo so che state pensando che si vede lontano un miglio che li avete passati da un pezzo i 21 anni, ma "all'armadio mobile" che vi chiederà i documenti all'ingresso del locale tutto questo non interessa, vi farà passare solo se leggerà la vostra data di nascita.

Buon divertimento.

PRINCIPALI UNIVERSITÀ E CONFRATERNITE

"Sono stato espulso dal college per aver copiato ai miei esami di metafisica; avevo sbirciato nell'anima del mio vicino."
(Woody Allen)

PRINCIPALI UNIVERSITÀ E CONFRATERNITE

Abbiamo ritenuto opportuno, dedicare un capitolo ai campus universitari e alla folkloristica "usanza" delle confraternite. Un argomento questo che spesso suscita curiosità e interesse, proprio per il diverso modo di vivere l'ambiente universitario rispetto a quello delle città europee. Sicuramente vi sarà capitato di vedere qualche serie tv o qualche film ambientato nei campus universitari americani, vediamo allora nello specifico cosa offre la città di Los Angeles da questo punto di vista. Abbiamo deciso di presentarvi due delle più importanti università americane e della California. La prima, è la più antica: The University of Southern California. L'altra è quella che vanta più richieste di adesione da parte degli studenti da tutta l'America: University of California, Los Angeles, conosciuta anche come UCLA.

The University of Southern California

Fondata nel 1880 è la più antica Università privata della California, pensate che essere ammessi all'interno di questo ateneo non è per niente facile: nel 2021 su 70.000 domande di ammissione solo il 12% ha avuto l'onore di avere ricevuto una risposta positiva.

Il suo campus si trova praticamente nel distretto di University Park, confina a sud con la zona dei musei di Exposition Park e tutto sommato non siamo lontanissimi neanche da Downtown. La vita all'interno del campus è di ottima qualità, è quasi tutto pedonalizzato e si trovano parchi, musei, caffè e naturalmente tanto altro.

L'architettura è prevalentemente di ispirazione romanica, con gli edifici di mattoni rossi. La parte storica del campus è stata inserita nel registro dei luoghi storici americani e il Widney Alumni House che ne fa parte è l'edificio universitario più antico della California meridionale.

Non per niente ogni anno questo luogo è meta di moltissimi visitatori della città di Los Angeles.

Dal 2005 è anche sede della **USC Shoah Foundation Institute**, la fondazione creata da Steven Spielberg per la raccolta delle testimonianze audio-video dei sopravvissuti della Shoah.

Gli studenti della USC sono conosciuti come "troiani" nome che hanno meritato per la tenacia dimostrata in alcuni eventi sportivi, infatti al centro del campus potrete ammirare la statua del "santuario troiano", detto anche "Tommy Trojan".

Gli atleti provenienti dalla USC possono vantare la vittoria di quasi 300 medaglie ai giochi olimpici. Naturalmente l'ateneo offre una grande vastità di corsi di laurea in tutte le discipline. Particolarmente apprezzata è la facoltà di cinematografia.

Hanno studiato in questa facoltà: il mitico John Wayne e George Lucas, il papà di Guerre Stellari. A tutt'oggi oltre 48.000 studenti frequentano la USC ed il personale docente è costituito da oltre 4.400 insegnanti. Questa università può vantare nel suo staff ben sei premi Nobel.

La nota dolente è che se si passa la dura selezione per essere ammessi alla USC la retta annuale tutto compreso si aggira intorno ai 70.000$.

Naturalmente agli studenti è data l'opportunità di cimentarsi in qualsiasi tipo di sport con tutti i mezzi possibili e all'interno del campus sono promosse molteplici attività ricreative e culturali.

Se volete saperne di più: **www.usc.edu**

The University of California, Los Angeles (UCLA)

Si tratta di un'università pubblica e di ricerca tra le più importanti e prestigiose al mondo, infatti vanta la più alta richiesta di ammissione proveniente da studenti del resto degli Stati Uniti. Il suo campus è situato nel distretto di Westwood, naturalmente a Los Angeles, non siamo lontani dal Sunset Boulevard né da Beverly Hills.

Dal 1919, anno di fondazione, l'ottimismo è la parola chiave che ha permesso a questo ateneo di ottenere enormi risultati nella ricerca, ma non solo.

È grazie a questo ideale che questa università può vantare 14 premi Nobel, 261 medaglie olimpiche da parte dei suoi atleti e importanti traguardi nella ricerca come le fondamenta per la nascita di internet. La prima connessione fra due computers avvenne esattamente nel 29 ottobre del 1969 e uno dei due era un computer della UCLA.

Sono quasi 150 i corsi di laurea offerti, si spazia dalle discipline umanistiche fino a tutto il campo scientifico. Gli studenti dell'UCLA possono godere di un campus situato sopra un'area di 1,7 km quadrati, con 163 edifici. Sono presenti prati, ampi giardini dotati di fontane, sculture e musei. Non mancano naturalmente i posti di ristoro e i negozi per lo shopping.

Il campus si potrebbe dividere idealmente in due zone: la zona nord, quella originaria, è stata costruita con un'architettura più classica ispirata allo stile italiano; infatti, l'edificio più importante del campus, la Royce Hall si ispira alla Basilica di Sant'Ambrogio a Milano. In questa parte del campus si trovano le facoltà dedicate alle arti e alle discipline umanistiche.

Invece nella zona sud si trovano tutte le altre facoltà. L'edificio più alto del campus è dedicato al premio Nobel per la pace Ralph Bunche, studente afroamericano che nel 1950 ha meritato il premio per i negoziati di pace tra Israele e la Palestina.

Il busto di Ralph Bunche ci mostra l'ingresso di un importante giardino, il Franklin D. Murphy Sculpture Garden, al suo interno sono posizionate più di 70 preziose sculture.

Anche questa prestigiosa università è meta di moltissimi visitatori.

Sono molteplici le attività promosse dall'UCLA per i suoi studenti, si va dalle attività sportive a quelle artistiche e culturali.

Sicuramente una delle più belle, importanti e famose università al mondo, con un campus maestoso e imponente. Anche in questo caso, la retta annuale è piuttosto onerosa: supera i 50 mila dollari.

Per maggiori informazioni: **www.ucla.edu**

Confraternite universitarie

Questo fenomeno delle confraternite universitarie non è diffuso solo negli Stati Uniti, ma si può trovare anche in alcune università del nord Europa. Discende infatti da antiche usanze anglosassoni.

Ma di cosa si tratta nello specifico?

In pratica chi frequenta un ateneo, in particolare modo negli USA, può decidere di far parte di alcune associazioni studentesche. Non è per niente facile entrare a far parte di una confraternita universitaria, i candidati spesso sono selezionati per censo e in qualunque caso devono superare un test di ingresso. Non immaginatevi un quiz per testare il quoziente intellettivo, le prove da superare sono di tutt'altro tenore e state certi che gli iniziati difficilmente vi riveleranno la prova che hanno dovuto superare per essere accettati all'interno della confraternita. Una parte degli affiliati convive in grandi case dove si svolgono diverse attività, l'unico modo per mettere piede in una confraternita senza esserne un membro è quello di essere stati invitati ad una festa. Se passate dalle parti di una residenza di qualche confraternita e vedete qualche bicchiere di plastica rosso, potete stare sicuri che la sera prima si è tenuta una festa. Naturalmente non fanno eccezione le Università di Los Angeles che vi abbiamo presentato in precedenza. Una caratteristica fondamentale delle confraternite è che tutte si chiamano con i nomi delle lettere greche e hanno uno stemma di appartenenza. Chi è stato membro di una confraternita lo sarà per sempre. Alcuni presidenti degli Stati Uniti sono stati membri delle confraternite per esempio. Lo scopo principale di una confraternita è comunque avere sia un obiettivo comune da raggiungere, sia di mutua assistenza tra i membri. Naturalmente fare parte di una confraternita universitaria non vuol dire solamente feste e divertimenti vari, spesso anzi ci si deve impegnare in diverse attività extracurricolari. Nelle confraternite esistono delle gerarchie e viene eletto uno dei membri come capo. Esistono anche delle confraternite al femminile dove in pratica valgono le stesse regole delle confraternite al maschile. Spesso il cinema si è occupato di questo fenomeno. A tal proposito citiamo un film su tutti, lo spassoso *"Animal House"* del famoso regista John Landis, che vede, tra gli attori principali, un magistrale John Belushi nella parte di uno studente (si fa per dire) membro di una confraternita di studenti ripetenti, la famigerata "Delta Tau Chi".

INFORMAZIONI UTILI

Quando andare e temperature medie durante l'anno

Il clima è abbastanza favorevole durante tutto l'anno, quasi sempre soleggiato con qualche pioggia tra l'autunno e l'inverno.

Tuttavia, il periodo migliore per visitare Los Angeles, rimane la primavera, dove le temperature non salgono tantissimo.

Consigliato anche l'autunno anche se potrebbero iniziare ad arrivare le prime piogge. Tra maggio e giugno è frequente il fenomeno del "June gloom", si tratta di una cappa di umidità, talvolta accompagnata da nebbia, che si forma a causa del contrasto delle temperature del mare ancora fredde con quelle della terraferma che comincia a riscaldarsi. Di solito il cielo tende a schiarirsi intorno a mezzogiorno.

Nel periodo invernale (gennaio e febbraio) si hanno le giornate più fredde.

Durante tutto l'anno, soffia spesso da Nord Est il Santa Ana, un vento caldo che tende a fare salire le temperature anche d'inverno. A parte qualche pioggia il clima è mite, in questi mesi si ha il vantaggio di avere le tariffe più basse per i voli.

A seguire le temperature medie durante l'anno:

Gennaio:
min. 9°/ max 20°
Febbraio:
min. 10°/ max 20°
Marzo:
min. 11°/ max 21°
Aprile:
min. 12°/ max 23°
Maggio:
min. 14°/ max 24°
Giugno:
min. 16°/ max 26°
Luglio:
min. 18°/ max 28°
Agosto:
min. 18°/ max 29°
Settembre:
min. 17°/ max 28°
Ottobre:
min. 15°/ max 26°
Novembre:
min. 11°/ max 23°
Dicembre:
min. 9°/ max 20°

Aeroporto di arrivo a Los Angeles

Los Angeles International Airport
Situato a sud ovest di Los Angeles, nel distretto di Westchester dista dal centro della città 26km.
Noto anche come LAX è il più importante aeroporto della California e uno dei più importanti al mondo per traffico passeggeri.

Il terminal di riferimento per i voli dall'Italia è di solito il seguente:

Tom Bradley International Terminal (TBIT)
Il Tom Bradley International Terminal è di norma il terminal dove arrivano i voli dall'Italia: comprende 12 gates, suddivisi in due zone, sei nella zona Nord e sei in quella Sud. Ci sono anche 9 gates satelliti per i voli internazionali a Ovest dell'aeroporto, raggiungibili con una navetta. Il TBIT è stato aperto per le **Olimpiadi di Los Angeles '84** e deve il suo nome al primo sindaco afroamericano della città, Tom Bradley.

Nei dintorni della città esistono comunque diversi aeroporti che operano soprattutto su voli interni.
Sito di rifermento per informazioni dettagliate:
www.flylax.com

La differenza di fuso orario tra la California e l'Italia è di 9 ore.
Il numero di emergenza negli USA è il famoso **911**, componendo il **112** verrete reindirizzati al **911**.
Il Consolato Italiano a Los Angeles si trova al 1900 Avenue of the Stars, Suite 1250.

Orari di apertura degli uffici al pubblico:
Dal Lunedì al venerdì dalle 9.00 alle 12.30, Mercoledì dalle 9.00 alle 13.00 e dalle 14.00 alle 15.30

Telefoni
Informazioni generali - centralino (lun-ven dalle ore 9.00 alle ore 13.00 e dalle ore 14.00 alle ore 15.30)
Tel. (310) 820-0622

Numero di reperibilità d'emergenza:
Tel. (310) 433-5422
Fuori dell'orario di ufficio e solo per reali emergenze: dalle 16.00 alle 22-00 lun - ven, e dalle 08.00 alle 22.00 sab, dom, e festivi.
Tra le 22.00 e le 08.00 contattare il MAECI +39 06 36225.

I singoli uffici risponderanno dalle ore 14.30 alle ore 15.30 dal lunedì al venerdì (eccetto il mercoledì).

Il Consolato Italiano invita i viaggiatori prima di affrontare un viaggio di iscriversi al sito: *Dove siamo nel mondo*. In caso di emergenza verrete rintracciati più facilmente.
Sito internet: **www.consolosangeles.esteri.it**

Lingue
Naturalmente inglese, ma lo spagnolo è estremamente diffuso.

Festività principali
Natale e Capodanno.

Il terzo lunedì di gennaio, il Martin Luther King Day giornata dedicata al premio Nobel per la pace difensore dei diritti per l'uguaglianza razziale.

Il terzo lunedì di febbraio è il President's Day compleanno di George Washington.

Cinco de Mayo (5 maggio),
festività sentita soprattutto dalla comunità messicana.

Memorial Day (Ultimo Lunedì di Maggio)
ricorrenza dedicata ai caduti delle forze armate.

Indipendence Day (4 di Luglio)
celebrazione della separazione dall'Inghilterra.

Labor Day (Primo lunedì di settembre)

festa del Lavoro.

Columbus Day (Secondo lunedì d'Ottobre) celebrazione dell'anniversario della scoperta dell'America.

Halloween (31 ottobre)

Veterans Day (11 novembre) celebrazione in omaggio ai veterani di guerra.

Giorno del Ringraziamento (ultimo giovedì di Novembre)

Unità di misura americane
Le unità di misura americane sono diverse da quelle italiane.

Lunghezza e distanza
1 pollice (inch) in - "2,54 cm.
1 piede (foot) Ft - "30,48 cm.
1 iarda (yard) yd - 91,44 cm.
1 miglio (mile) mi. - 1,61 km

Per le misure di superficie e di volume (i solidi) avremo per esempio il piede quadrato (square foot) o il pollice cubico (cubic inch).

Per le distanze nelle città spesso si indica come misura un isolato (block). Più o meno un centinaio di metri.

Liquidi
1cucchiaio da tè (tsp)
Teaspoon 4,93 ml

1cucchiaio da tavola (Tbsp)
Tablespoon 14,79 ml

1 oncia liquida (fl oz)
Fluid once 29, 57 ml

1 tazza (c)
Cup 236,59 ml

1 pinta (pt)
Pint 473,18 ml

1 quarto (qt)
Quart 0,95 l

1 gallone (gal)
Gallon 3,79 l

Ricordatevi che se noleggiate un'auto, farete benzina in galloni e il vostro tachimetro segnerà la velocità in miglia orarie; un gallone corrisponde a 3,7 litri circa.

Pesi
1 Oncia
(Ounce) 28,35 g

1 Libbra
(pound) 435,59 g

Temperatura
La temperatura negli Stati Uniti è espressa in gradi
Fahrenheit.
90° F sono circa 30° C, mentre 32°F corrispondono a
zero gradi Celsius.

Il sistema consuetudinario statunitense
Le unità di misura americane fanno parte del
cosiddetto UCS United States Customary (*sistema
consuetudinario statunitense*) e si rifà al sistema
inglese, con alcune differenze.

Numeri decimali
Esistono differenze anche per quanto riguarda la
scrittura dei numeri.
Il separatore tra le migliaia è la virgola, mentre per i
decimali si utilizza il punto.
Per esempio: 12,350 in inglese, 12.350 in italiano.

Corrente elettrica
Negli Stati Uniti il voltaggio è di 115-120V, mentre in
Europa abbiamo una corrente alternata a 230V.
Procuratevi un adattatore.

Per quanto riguarda le telecomunicazioni, informatevi
presso il vostro operatore per la tariffa più
conveniente. Il wi-fi gratuito comunque è abbastanza
diffuso in tutta la città.

Per guidare in California basta la patente italiana, ma altri stati potrebbero applicare regole diverse, quindi prima di partire controllate bene. Naturalmente con la patente internazionale non avete nessun tipo di problema in nessuno degli stati USA.

Criminalità

Stiamo parlando di una metropoli e in qualunque caso è sempre valido usare il buon senso. Evitate di esibire denaro e state attenti ai borseggiatori.

Le zone da visitare sono abbastanza sicure, ma va da sé che se vi addentrate in un distretto diciamo così, (non convenzionale) rischiate di potervi trovare in pericolo; ricordiamo che Los Angeles è la patria delle *"gang di strada"* e, queste organizzazioni criminali non amano tanto vedere curiosi girare per i loro quartieri, oltretutto, questi personaggi possono aggredirvi solo perché indossate le scarpe "sbagliate", magari la stessa marca di scarpe che portate voi è quella preferita dalla *"gang"* nemica.

La maggior parte dei distretti si può visitare in tutta sicurezza soprattutto durante il giorno. Facciamo particolare attenzione a East L.A. e South-Central L.A. soprattutto dopo il tramonto. La stessa cosa vale per Hollywood e Venice, le spiagge e i parchi col buio non sono luoghi tanto sicuri.

Evitate anche vicoli bui e locali poco frequentati.

Ecco una breve panoramica di luoghi sconsigliati

- South Central
- Compton
- Pico-Union
- Inglewood
- Skid Row
- Watts
- Downtown di giorno nessun problema, la notte bisogna fare attenzione.

VENTI COSE DA NON FARE

Los Angeles è una città talmente grande dove davvero si può fare di tutto, ma alcune cose sarebbe meglio evitarle, per il semplice motivo che cercare di spendere bene il proprio tempo e i propri dollari può essere utile per rendere più piacevole il vostro viaggio a L.A.

Di seguito alcuni consigli su cose da non fare a Los Angeles:

1) Abbiamo spesso detto che l'auto, nonostante il traffico pazzesco sia il modo migliore per muoversi in città. Dunque, se potete non usate i trasporti pubblici, ma affittate un'auto.

2) Valigia pronta? Avete messo dentro anche le infradito? No? Allora rimediate e mettetele in valigia. Trovarsi in spiaggia a Venice Beach è un attimo, e per fare una passeggiata rilassati, le infradito sono obbligatorie. Tranquilli non vi guarderà male nessuno.

3) Vi guardano male se fumate dove non è consentito farlo. Considerato che le sigarette negli USA costano tanto e voi le avete comprate al duty free dell'aeroporto, dovete rispettare alcune regole se avete voglia di fumare. Prima di prenotare l'hotel chiedete se ha zone fumatori, non si può fumare nell'auto che avete noleggiato, non si può fumare nei mercatini rionali, non si può fumare appena fuori dai ristoranti, bisogna allontanarsi di almeno 30 metri. E comunque se fumate in pubblico vi guardano male. Anche se, in molti locali con aree all'aperto è permesso.

4) Se potete, non visitate Los Angeles in giugno. Sembra strano, ma in quel periodo il clima è bizzarro. Tra giugno e luglio la città è spesso piovosa e cupa.

5) *Ohh evviva, non siamo in Giamaica ma free marijuana*. No, non è così, nel senso che è legale se la comprate e ve la fumate a casa. Non si può fare uso di cannabis in macchina e neanche per strada, rischiate grosso. Quantità massima di acquisto un'oncia (28,3 grammi), lontani 300 metri da scuole e ospedali grazie.

6) Perché vagare in mezzo a milioni di turisti nella Sunset Strip di giorno quando lo si può fare tranquillamente quando cala il sole, si accendono le luci, e c'è meno gente in giro? Andateci al tramonto, la mattina andate al mare.

7) Sempre per evitare di fare il turista tipo e buttare via un po' di dollari evitate i venditori ambulanti di mappe che indicano il percorso sulla Walk of Fame. Spesso le mappe sono finte oppure obsolete.

8) Idem come al punto 7, non buttate i dollari. Lasciate perdere lo "Star Tour", vi porterà di sicuro sulla Walk of Fame o posti del genere, ma state certi che non passerete di fronte alla casa di Brad Pitt. Perché? Come perché?

9) Rimanendo in tema, le possibilità di incontrare una star a Hollywood è davvero remota. Le star di solito non amano andare a zonzo tra la gente. Quindi non createvi aspettative, ma passeggiate serenamente.

10) Anche Pink's Hotdogs è uno dei posti caratteristici e da noi consigliati per mangiare un buon hot dog a Los Angeles, ma va bene se avete voglia di fare una lunga fila e farvi un selfie celebrativo, altrimenti: Dodger Stadium o Carney's, i loro panini sono buonissimi.

11) Malibù Lagoon State, Venice Beach, Paradise. Sono spiagge e sono pure belle. Quindi non dimenticatevi di andare al mare, occhio che il Pacifico non è esattamente un mare famoso per avere una temperatura confortevole, l'acqua è sempre freddina.

12) Quando andate al mare con tutta la vostra attrezzatura, compresa la tavola da Surf, allora evitate Venice Beach. Si possono fare tante cose in quella spiaggia, ma evitate di fare surf. I locali non sono tanto accoglienti con i nuovi arrivati, tanto meno se principianti.

13) Sì, ma Julia Roberts? Rodeo Drive, Pretty Woman. Perché no? Un giro si può fare, vi sedete e osservate la gente. Oppure siete pieni di dollari, perché altrimenti io vi consiglio Robertson Boulevard, stessa impressione, ma tutto meno caro e meno affollato.

14) Non cercate di vedere la città tutta in un giorno, impossibile. Pianificate bene il vostro viaggio, ricordatevi che in alcune ore il traffico di Los Angeles è mostruoso.

15) Un po' come al numero 14, non gettatevi a capofitto in tutte quelle cose che assolutamente bisogna fare a Los Angeles. Certo il Pier di Santa Monica bisogna visitarlo, idem il Chinese Theater, ma fatte anche altre cose: una visita al Griffith Observatory, una al Getty Museum (gratis).

17) Rispettate le regole del traffico. Non fate mai jaywalk, se vi beccano sono guai. Ah, ok "jaywalk" ovvero attraversare la strada dove non è permesso. Idem in auto, allo stop FERMI!!! Anche se sono le quattro del mattino e all'incrocio non si vede anima viva. La polizia americana non è gentile in questi casi.

18) Non dimenticate di dare la mancia. Sembra strano, in teoria non si è obbligati, ma in pratica si. Per il semplice motivo che la gente che lavora nell'ambito dei servizi (cameriere o fattorino) guadagna poco, e Los Angeles è cara e non tutti vivono a Bel Air.

19) Non pensate che a Los Angeles tutti parlino inglese. Ci vivono quattro milioni di persone e altri 50 milioni ci passano durante l'anno. Per molti di questi l'inglese non è la prima lingua.

20) Non dimenticate di divertirvi. Questa città da questo punto di vista può offrire veramente tanto, bisogna solo andare nei posti giusti.

Detto questo, da parte nostra un grandissimo augurio di un buon viaggio, con la speranza di vedervi presto nella città degli angeli.

SOMMARIO:

La Tua Guida a Los Angeles è presente su:

FACEBOOK: La Tua Guida a Los Angeles

INSTAGRAM: @latuaguidaalosangeles

Finito di stampare a giugno 2021

Printed in Great Britain
by Amazon